Monumenta Rhenaniæ Historica

TEXTE UND BILDER ZUR GESCHICHTE BONNS, KÖLNS UND DES RHEINLANDS

Band 11

herausgegeben von Norbert Flörken

Die Texte sind z. T. den Digitalisaten des Internet entnommen. – Rechtschreibung und Zeichensetzung sind beibehalten worden, gegebenenfalls sind Namen in der modernen Schreibweise hinzugefügt worden. Die Punkte hinter den einfachen Zahlen, z. B. den Jahreszahlen, sind weggelassen worden. Der Text der Vorlage steht in einer Serifenschrift, Zusätze und Ergänzungen des Bearbeiters in dieser serifenlosen Schrift oder in [ ]. Die Anmerkungen der historischen Autoren sind in » « gesetzt; die Klammern der Vorlage ( ) sind durch { } oder – – ersetzt worden. Die wenigen Streichungen des Herausgebers stehen in ( ), die Seitenzahlen der Vorlagen in < >. Fremdsprachige Wörter und Zitate sind *kursiv* gesetzt. Beim Seitenwechsel wurde die anfallende Trennung aufgehoben. Die häufigen Sperrungen bei Eigennamen oder Ortsnamen wurden nicht übernommen. Die Angaben zu Personen, Orten oder Sachen sind dem Portal Wikipedia entnommen.

Bibliographische Information der Deutschen Nationalbibliothek: Die Deutsche Nationalbibliothek verzeichnet diese Publikation in der Deutschen Nationalbibliographie, detaillierte bibliographische Daten sind im Internet über http://dnb.dnb.de abrufbar.

Impressum

Verlag: BoD • Books on Demand GmbH,

In de Tarpen 42, 22848 Norderstedt

Druck: Libri Plureos GmbH, Friedensallee

273, 22763 Hamburg

ISBN: 978-3-7597-7544-3

MIX
Papier aus verantwortungsvollen Quellen
Paper from responsible sources
FSC® C105338

Inhalt

ANTIKE

50 Agrippina

Die »Mutter« Kölns

Abb. 1: Agrippina die Jüngere

(LVR)

Unvergänglichen Ruhm erwarb Agrippina, als sie im Alter von 35 Jahren ihren kaiserlichen Ehemann dazu brachte, einer Siedlung im Norden, jenseits der Alpen, die Stadtrechte zu verleihen: Agrippina, genannt die Jüngere, war am 6. November des Jahres 15 nach Christus am Rhein geboren, in dem »oppidum Ubiorum«. Vom Jahre 50 an durfte sich also die

Siedlung »Colonia Claudia Ara Agrippinensium« - CCAA - nennen, auf deutsch etwa »städtische Niederlassung des Kaisers Claudius mit einem Altar der Agrippinenser«; eine *Colonia* verfügte über weiter reichende Rechte und umfangreichere Privilegien als ein *Oppidum*.

Dass Agrippina am Rhein den ersten Schrei tat, lag daran, dass ihr Vater Germanicus seit dem Jahre 13 Oberbefehlshaber der hiesigen römischen Truppen, der 1. und der 20. Legion, war; ihre Mutter war Agrippina die Ältere, eine Enkelin des Kaisers Augustus, die insgesamt neun Kinder gebar, neben der jüngeren Agrippina auch den späteren Kaiser Caligula. Die Geburt seiner Tochter hat Germanicus wahrscheinlich nur nebenbei miterlebt – er war in den Jahren 15 und 16 in den germanischen Wäldern bis zur Elbe unterwegs, um Rache für die Varus-Niederlage zu nehmen - allerdings erfolglos. Im Jahre 19 starb er in Syrien – seine Tochter war gerade vier Jahre alt.

Nur neun Jahre später wurde sie zum ersten Mal verheiratet, und zwar mit Gnaeus Domitius Ahenobarbus, dem sie im Jahre 37 den Sohn Lucius, den späteren Kaiser Nero, gebar. Domitius starb im Jahre 40, Agrippina heiratete Caius Sallustius Crispus Passienus, den sie im Jahre 48 ermordete. Ein Jahre später heiratete sie den Kaiser Claudius, der soeben seine Frau, die berüchtigte Messalina, und ihren letzten Liebhaber hatte ermorden lassen. Dass die Heirat des Claudius mit Agrippina nach dem Gesetz verboten war – er war ihr Onkel, störte nur vorübergehend: Der Senat beschloss die Aufhebung des Verbots der Onkel-Nichte-Ehe. Jetzt war Agrippina mit 34 Jahren Kaiserin.

- Eine ihrer ersten »Amtshandlungen« war die Verleihung der Stadtrechte an die Garnison am Rhein;
- zum zweiten ernannte der Senat sie zur »Augusta«, dem weiblichen Pendant zu »Augustus«. Agrippina hiess jetzt: IVLIA AVGVSTA GERMANICI CAESARIS FILIA AGRIPPINA TIBERII CLAVDII CAESARIS AVGVSTI VXOR: »Julia Augusta, Tochter des Caesar Germanicus, Ehefrau des Tiberius Claudius Caesar Augustus«;
- zum dritten adoptierte Kaiser Claudius ihren Sohn aus erster Ehe, Nero, der damit Claudius' leiblichem Sohn Britannicus – zu

diesem Zeitpunkt acht Jahre alt - gleichgestellt wurde, und verlobte ihn mit seiner Tochter Octavia.

Ihre Zeitgenossen sahen an Agrippina durchaus positive Züge: Sie sanierte den Staatsschatz, Skandale und Staatsprozesse gingen zurück, ihr persönlicher Lebenswandel war – zumindest nach aussen hin – unauffällig. Dabei bewegte sie sich als Kaiserin in der Öffentlichkeit durchaus selbstbewusst und mit Sinn für Symbolik: Sie trat mit der Chlamys, einem golddurchwirkten Mantel, auf; sie legte sich eine eigene prätorianische Ehrenwache zu; an ihrem Geburtstag gab es öffentliche Feiern.

Am meisten beeindruckte damals – und auch noch heute – das volle Münzrecht, das ihr Claudius gewährte: Es sind Münzen überliefert, auf denen Agrippina abgebildet ist – auch ohne Claudius, und solche mit Agrippina und Nero noch als »princeps« (Thronfolger).

Abb. 2: Agrippina und Claudius

AGRIPPINAE AVGVSTAE / TI CLAVD CAESAR AVG GERM P M TRIB POT P P

Agrippina Augusta / Tiberius Claudius Caesar Augustus Germanicus, Oberpriester, mit tribunizischer Vollmacht, Vater des Vaterlandes (Goldmünze Rom, 51 n. Chr.)

(Wikipedia)

Später, als ihr Sohn Nero Kaiser ist, lässt sie zu seinen Ehren Münzen schlagen:

Abb. 3: Agrippina und Nero

AGRIPP AVG DIVI CLAVD NERONIS CAES MATER /

NERONI CLAVD DIVI F CAES AVG GERM IMP TR P /

EX S C

Agrippina, die Mutter des göttlichen Augustus Claudius Nero Caesar /

dem Nero, des göttlichen Claudius' Sohn, dem Caesar Augustus Germanicus, Kaiser, mit tribunizischer Vollmacht /

auf Beschluss des Senats (Goldmünze 54 n. Chr., Lyon)

(Wikipedia)

Am 13. Oktober 54 starb ihr Ehemann, der Kaiser Claudius – Agrippina hatte mit Giftpilzen nachgeholfen. So schreiben jedenfalls die zeitgenössischen Dichter Seneca und Juvenal, und viele Römer sind erleichtert über das Ende des zunächst lächerlich-komisch-skurrilen, später launischen und bösartigen Herrschers. Nero, den Agrippina flugs vom Senat als Nachfolger ausrufen liess, galt zu dem Zeitpunkt als Lichtgestalt – von dem Philosophen Seneca erzogen. Auch jetzt gerierte sich Agrippina als »First Lady«, sie wurde Priesterin des vergöttlichten Claudius.

Mit ihrer mütterlichen Übergriffigkeit kam sie ihrem Sohn aber immer öfter in die Quere, als sie sich in seine Liebschaften einmischte. Und Nero selber entwickelte einen krankhaften Grössenwahn, in dem für die umtriebige Mutter kein Platz mehr war. Nero liess sie im Jahre 59 in ihrer Villa bei Neapel erschlagen. Nicht einmal ein Grab gönnte ihr der Sohn, ihre Sklaven sollen später an der Strasse nach Misenum ein Grabmal errichtet haben.

Unvergessen bleibt sie aber bis heute in den Buchstaben CCAA.

164 Weihestein des Vettius Severus für die aufanischen Matronen[1]

Die heimischen Gottheiten

MATRONIS	Den Aufanischen Matronen.
AVFANIABVS	Quintus Vettius Severus,
Q VETTIVS SEVERVS	Quästor in Köln,
QVAESTOR CCAA	hat das Gelübde gerne erfüllt,
VOTVM SOLVIT L M	als Macrinus und Celsus Konsuln
MACRINO ET CELSO COS	waren [=164 n. Chr.]

[1] (Lehner, 1930), Nr. 19 und Tafel VIII.

MITTELALTER

496 Chlodwig und die Schlacht bei Zülpich

Vom Frankenreich zu Frankreich

Auf der Wollersheimer Heide, wenige Kilometer westlich von Zülpich, trafen im Jahre 496 nach Christus die feindlichen Heere der Franken und der Alemannen auf einander. Und – so ist die landläufige Meinung – weil der Frankenkönig in der Schlacht in arge Bedrängnis geriet, gelobte er, sich taufen zu lassen, wenn er doch noch den Sieg davontragen sollte; so wurde das Frankenreich christianisiert. Die Franzosen setzten 1811 noch einen drauf: der Sieg ihres Chlodwig bei Zülpich war die Geburtsstunde der »Grande Nation«.

Es sind jedoch Zweifel angebracht, ob diese Zusammenhänge zutreffen. Hauptquelle für die genannten Vorgänge sind die »Zehn Bücher Geschichten« des Bischofs Gregor von Tours (538-594). Darin heisst es:

Regina vero non cessabat praedicare, ut Deum verum cognosceret et idola neglegerit. Sed nullo modo ad haec credenda poterat commoveri, donec tandem aliquando bellum contra Alamannos conmoveretur, in quo conpulsus est confiteri necessitate, quod prius voluntate negaverat.

Factum est autem, ut confligente utroque exercitu vehementer caederentur, atque exercitus Chlodovechi valde ad internitionem ruere coepit. Quod ille videns, elevatis ad caelum oculis, conpunctus corde,

Die Königin [Chrodechild / Chrothildis, 474-544] hörte nicht auf zu mahnen, den wahren Gott anzuerkennen und die Götzenbilder zu verschmähen. Aber er konnte nicht zum Glauben bewegt werden, bis er schliesslich in dem/einem Krieg gegen die Alemannen umgestimmt wurde, wobei er durch die Notlage zum Bekenntnis bewegt wurde, das er vorher aus freien Stücken verweigert hatte. Als die beiden Heere aufeinandertrafen, setzte ein gewaltiges Töten ein, und dem Heer des

commotus in lacrimis, ait: »*Iesu Christi, quem Chrotchildis praedicat esse filium Dei vivi, qui dare auxilium laborantibus victuriamque in te sperantibus tribuere diceris, tuae opis gloriam devotus efflagito, ut, si mihi victuriam super hos hostes indulseris et expertus fuero illam virtutem, quam de te populus tuo nomine dicatus probasse se praedicat, credam tibi et in nomine tuo baptizer. Invocavi enim deos meos, sed, ut experior, elongati sunt ab auxilio meo [...]*«. Cumque haec dicerit, Alamanni terga vertentes, in fugam labi coeperunt. Cumque regem suum cernirent interemptum, Chlodovechi se ditionibus subdunt [...] [Actum anno 15. regni sui.]

Hist., II, 30

Chlodwig drohte die Vernichtung. Als jener das sah, hob er die Augen zum Himmel und sprach unter Tränen: »Jesus Christus, von dem Chrothildis sagt, du seiest der Sohn des lebendigen Gottes, der – so heisst es – den Bedrängten Hilfe bringt und den Sieg denjenigen, die auf dich hoffen, ich erbitte demütig deine Macht; wenn du mir den Sieg über diese Feinde gewährst und ich jene Kraft erfahre, die das in deinem Namen getaufte Volk erlebt zu haben sich rühmt, werde ich an dich glauben und mich in deinem Namen taufen lassen. Ich habe nämlich meine Götter angerufen, aber – wie ich feststelle – sie haben sich zurückgezogen [...]«

Als er dies gesagt hatte, wandten sich die Alemannen um und begannen zu fliehen; und als sie feststellten, dass ihr König gefallen war, ergaben sie sich Chlodwig [...] [Geschehen im 15. Jahr seiner Herrschaft.]

Die Parallele zum Glaubenswechsel des Kaisers Konstantin ist verblüffend: auch er liess sich im Jahre 312 nach Christus nach dem Sieg in einer kritischen Situation taufen. Dazu später.

Gregor legt dem um Hilfe rufenden heidnischen Chlodwig mehrere christlichen Wendungen in den Mund, die dieser kaum benutzt haben dürfte (im Text unterstrichen): deus vivus, in te sperare (Psalm 70: in te, domine, speravi; deus, ne elongeris a me), in nomine tuo (vgl. die Taufformel: Ego te baptizo in nomine Patris et Filii et Spiritus Sancti). Selbstverständlich hat Gregor nach antiker Manier wörtliche Reden frei formuliert, hier eben in der christlichen Diktion; deswegen muss man nicht gleich die Authentizität anzweifeln. Aber ebenso denkbar ist, dass Gregor den Anstoss zur Taufe frei nach Konstantin erfunden hat; die wichtigste Zeitzeugin, Chrodechild, hat er nicht mehr erlebt. Ihre Rolle wird in diesem Abschnitt heruntergespielt und die des Erzbischofs von Reims, Remigius, überhaupt nicht erwähnt.

Es fehlen in Gregors Bericht der Ort und das Jahr der Schlacht; nur ein späterer Zusatz datiert das Ereignis auf das 15. Jahr seiner Herrschaft. Erst sieben Kapitel später schreibt Gregor gleichsam in einem Nebensatz:

Hic Sygiberthus pugnans contra Alamannos apud Tulbiacensim oppidum percussus in genuculum claudicabat.	Dieser Sigibert, weil er in dem/einem Kampf gegen die Alemannen bei der Siedlung Zülpich am Knie verwundet worden war, hinkte.

Hist., II, 37; Faksimile in (Runde, 1996, S. 75)

Sollte Gregor im ersten Text tatsächlich den Ort der mutmasslichen Entscheidungsschlacht für unwichtig gehalten haben, im zweiten Text das Jahr? Franken und Alemannen haben sich zumindest zweimal gegenübergestanden: 496 und 507 nach Christus (van den Broeck, 1968), (Geuenich, 1996). Und im ersten Text wird der gefallene König nicht genannt: War auch er ein unwichtiger »Unter«König, einer von mehreren (Geuenich, 1996) ?

Zweifelsohne hat es bei Zülpich eine Schlacht gegeben zwischen Franken und Alemannen, entweder 496 oder 506; und die Alemannen sind auf der alten Römerstrasse von Trier aus vorgestossen. Flurnamen in der Umgebung von Zülpich können als Hinweis auf die Schlacht dienen: »im König«, »im Streit«, »Martertal« (Broix, 1842). Aber die Kausalkette: Zülpich - 496 – Alemannen - Taufe ist eine Erfindung Gregors. Dem verstorbenen Bonner Altmeister der Merowinger-Forschung, Eugen Ewig, ist nicht zuzustimmen, wenn er noch 2006 schreibt: Gregors Darstellung sei »oft, aber zu Unrecht angezweifelt« worden (Ewig, 2006). Wenn es in diesen Jahren eine Entscheidung gab, dann die Entscheidung Chlodwigs für das Christentum (Geuenich, 1996). Die Taufe konnte – in Gregors Augen – einfach nicht auf den Einfluss der Königin zurückzuführen sein; es mussten ein heroischer Moment und dazu noch ein monumentales Vorbild – Konstantin – herhalten; deshalb inszeniert er dieses Verwirrspiel um Ort und Zeit.

Die Franzosen hatten übrigens ihre eigene Sichtweise der Schlacht von Zülpich. 1811 liess das Institut de France auf Veranlassung Napoleons in Zülpich, das damals zum Département de la Roer (Rur-Departement) gehörte, zwei Tafeln in der Peterkirche anbringen - Photographien bei (van den Broeck, 1968):

Hic – ut fama loci est – sacris primum intinctus undis Clodoveus, de Germanis victor. votum solvit merito A[nno] CCCCLXXXXVI	Hier – so geht die örtliche Sage – ist zum ersten Mal in die heiligen Wellen getaucht worden Chlodwig, Sieger über die Germanen. Er hat das Gelübde gerne eingelöst. Im Jahr 496
Tolbiacum Clodovei victoria insigne, Francorum fortuna et imperi[i] incunabula	Zülpich, durch den Sieg Chlodwigs berühmt, das Glück der Franken und die Wiege des Reiches

Gregor von Tours: Liber in gloria martyrum

Est apud Agripinensim urbem basilica, in qua dicuntur quinquaginta viri ex illa legione sacra Thebeorum pro Christi nomine martyrium consummasse. Et quia admirabili opere ex musivo quodam modo deaurata resplendet, Sanctos Aureos ipsam basilicam incolae vocitare voluerunt.	Es gibt bei der Agrippina-Stadt eine Kirche, in der angeblich 500 Männer aus jener heiligen Thebäischen Legion das Martyrium in Christi Namen erlitten haben. Und weil sie wunderbarerweise kunstvoll vergoldet schimmert,

Quodam autem tempore Eberigisili episcopi, qui tunc huius urbis erat antestis, capitis medietas validie doloribus quatiebatur, — erat tunc temporis in villa oppido proxima. Quo dolore, ut diximus, valde attenuatus, misit diaconem suum ad sanctorum basilicam. Et quia in ipsius templi medio puteus esse dicitur, in quo sancti post martyrium pariter sunt coniecti, collectum exinde pulverem detulit sacerdoti. Verum ubi exinde caput attigit, extemplo dolor omnis exemptus est.[2]

wollen die Einwohner jene Kirche ›die Heiligen Goldenen‹ nennen.

Zur Zeit des Bischofs Eberigisil, der damals Oberhaupt dieser Stadt war, wurde er von Kopfschmerzen geplagt. Er schickte einen Diakon zur Kirche der Heiligen. Und will angeblich in der Mitte der Kirche ein Brunnen war, in den die Heiligen nach ihrem Märytrertod ohne Unterschied hineingeworfen worden waren, brachte er dem Priester von dort Staub mit. Sobald der damit den Kopf berührte, war sofort jeder Schmerz weggenommen.

1166 Mai 2 Graböffnung durch Rainald van Dassel und Gerhard von Are[3]

Cassius, Florentius und Mallusius

Eodem anno Reinoldus archiepiscopus et Gerhardus prepositus Bunnensis beatissimos martires Cassium, Florentium et Mallusium 6. Non. Mai. cum inenarrabili cleri devotione et multitudine populi

In demselben Jahr haben Erzbischof Rainald [von Dassel] und der Bonner Probst Gerhard [von Are] die heiligen Märtyrer Cassius, Florentius und Mallusius am 2.

[2] Gregor von Tours, Liber in gloria martyrum, I, 61, in MGH: Script. rerum merov., I, 2, S.530.

[3] (Lehner/Bader, 1932, S. 73).

transtulerunt, invento sicco quidem, sed evidenti sanguine ipsorum, cum annis 973 passio ipsorum transacta fuerit.

Mai im Beisein des Volkes und unter der unbeschreiblichen Ehrfurcht des Klerus übertragen; getrocknetes Blut wurde gefunden, gewiß von ihnen, als vor 973 Jahren ihr Leiden stattfand.[4]

[4] Das wäre im Jahre 193 gewesen. – siehe (Flörken, 2011).

FRÜHE NEUZEIT

1499 Städtische Ämter in Köln[5]

Dit syn die ampte die eyn Rait gyfft as men yrst ingeyt up sent Johans misse.

Ampt lude	Amtleute
Beyr meyster	?
Brant myster	Brandmeister
Brukofften, zo den	?
Burgermeyster, zwene	Bürgermeister
Clage heren	Ratsherren: erste Prüfung der Klage
Garnmechersen, zo den	Garnmacher
Geweltrichter	unklar
Goltslegeren, tzo den	Der das Blattgold macht
Halle Richter	?
Houltz meyster	Holzmeister
Inbibicien meyster	?
Kannen giesseren, zo den	Kannengiesser
Keufer meyster	Ratsherr: Markt- und Tarifwesen

[5] (Die Cronica van der hilliger Stat Coellen, 1499, S. Bl. 285); ULB Münster, urn:nbn:de:hbz:6:1-439958: Seite 608. https://www.weinsberg.uni-bonn.de/Edition/glossar/glossar.htm

Kolen meyster	Kohlenmeister
Memorial meyster	?
Metzer heren	?
Meykouf, zo dem	?
Paymentzheren	Paymentsherren: für Münzen und Wechselkurse zuständig
Pertz Richter	Ratsherr: Pferdeunterkauf
Quader varwen, zo der	?
Raitz l...r, zo den	?
Raitz Richter	Ratsrichter
Rentmeyster, eynen	Rentmeister
Richter in der wolkuchen	Wolkuch: Wo Tuchwolle gebrüht wurde
Saltz meyster	Salzmeister
Sardoichs meyster	Sartuch: grober Stoff
Scheffen heren	Schöffen
Sijdmecherssen und wapensticker, zo den	Seidenmacher
Stymeyster	Ratsherr: zuständig für Marstall und Militär
Thorn meyster	Turmmeister
Unvereyden, zo den	?
Urdels meyster	Ratsherren, die Urteile formulieren
Vischmart meyster	Fischmarktmeister
Vleischampt meister	Fleichamtmeister

Vurwairtz meyster	?
Wach meyster	Wachtmeister
Wege meyster	Wegemeister
Wijn meyster	Weinmeister
Woicher heren	Ratsherren, die Wuchergesetze überwachen

1499 JOHANN KOELHOFF D. J.: CHRONIK DER STADT KÖLN[6]

Eine Auswahl der Bilder

Abb. 4: Titel

[6] Fundstelle: ULB Münster, urn:nbn:de:hbz:6:1-430058. - Die Seitenzahlen beziehen sich auf die Numerierung der digitalen Ausgabe der ULB Münster; weitere Digitalisate u.a. in ULB Düsseldorf, HAB Wolfenbüttel, HAAB Weimar und archive.org. Das Werk umfasst 301 nummerierte Blätter und 12 großformatige Holzschnitte.

Die Cronica van der hilliger Stat van Coellen

Titelblatt

Mit den Bischöfen Petrus, Maternus, Heribert, Evergislus, Kunibert, Agilolph, Anno, Severin; in der Mitte das Wappen von Köln mit den drei Kronen für die heiligen drei Könige und den 21 Flammen für Ursula und ihre Gefährtinnen. (8)

Sancta Colonia diceris hinc, quia sanguine tincta Sanctorum meritis quorum stas undique cincta.	Heiliges Köln wirst Du deshalb genannt, weil Du benetzt bist mit dem Blut der Heiligen und durch deren Verdienst von allen Seiten umgürtest dastehst.

Abb. 5: Paradies

Die Schöpfung

Adam und Eva leben im Paradies; Hirsche, Fische, Vögel, Bienen, Wald, Flüsse, Sonne und Winde sind dargestellt (42)

Qui vivit in eternum, creavit omnia simul.	Der, der in Ewigkeit lebt, hat alles zugleich erschaffen.

Abb. 6: Paradies 2

Adam und Eva: Die Vertreibung aus dem Paradies

Van der scheppunge adams ind Even der eyrster mynschen.

Die traditionelle Darstellung mit der Schlangenfrau im Apfelbaum und dem Erzengel Michael, der Adam und Eva, die ihre Blöße bedecken, aus dem Paradies verjagt.(45)

Abb. 7: Noah

Arche Noah

Noahs Schiff, besetzt mit zwei (von acht) Personen und Tieren; oben fliegt eine Taube herbei, im Schnabel einen frischen Ölzweig (1. Mose 8,11). Rechts auf dem Aas sitzt ein Rabe. (54)

Abb. 8: Rom

Rom

Van der Stat Rome wanne und van wem dye begonnen sij.

Schematische Darstellung einer Großbaustelle: Im Vordergrund ein Baumeister mit einem rechten Winkel in der Hand, zwei Steinmetze, ein Arbeiter, der mit eine Hacke gräbt, zwei Arbeiter, die Steine wegtragen, ein Arbeiter, der ein Faß trägt. Im Hintergrund eine Stadt mit einem Stadttor, in der ein Kran auf einem hohen Gebäude steht, das von mehreren Arbeitern weiter gebaut wird. (65)

Abb. 9: Caesar

Caesar

Dargestellt sind Caesar und zwei zivile Begleiter auf Pferden. Das Banner zeigt einen Skorpion. (79)

Abb. 10: Köln

Köln

Abgebildet sind Köln und Deutz. Köln ist identifizierbar durch den Baukran auf dem Südturm, daneben das Chor. Angedeutet ist Gross St. Martin. Am Hafen ist ein Schiff vertäut; im Fluss ein Schwimmkran und schwimmende Bauten. Auf der Deutzer Seite ist St. Heribert erkennbar, davor ein Bauer und Getreidefelder. (90)

Jupitersäule, Trier

Abb. 11: Jupiter

Mehrere Männer und Frauen von Trier bringen der Figur auf der Säule Geld; die Figur trägt eine Rüstung, in der linken Hand eine grösseren Ring. Ob es sich dabei um die Igeler Säule handelt, ist sehr fraglich: Die erste Beschreibung stammt aus dem Jahre 1562, ihr Aussehen weicht erheblich von dem Bild ab.

Unten die Wappen von Basel, Straßburg, Worms,Mainz und Köln. (96)

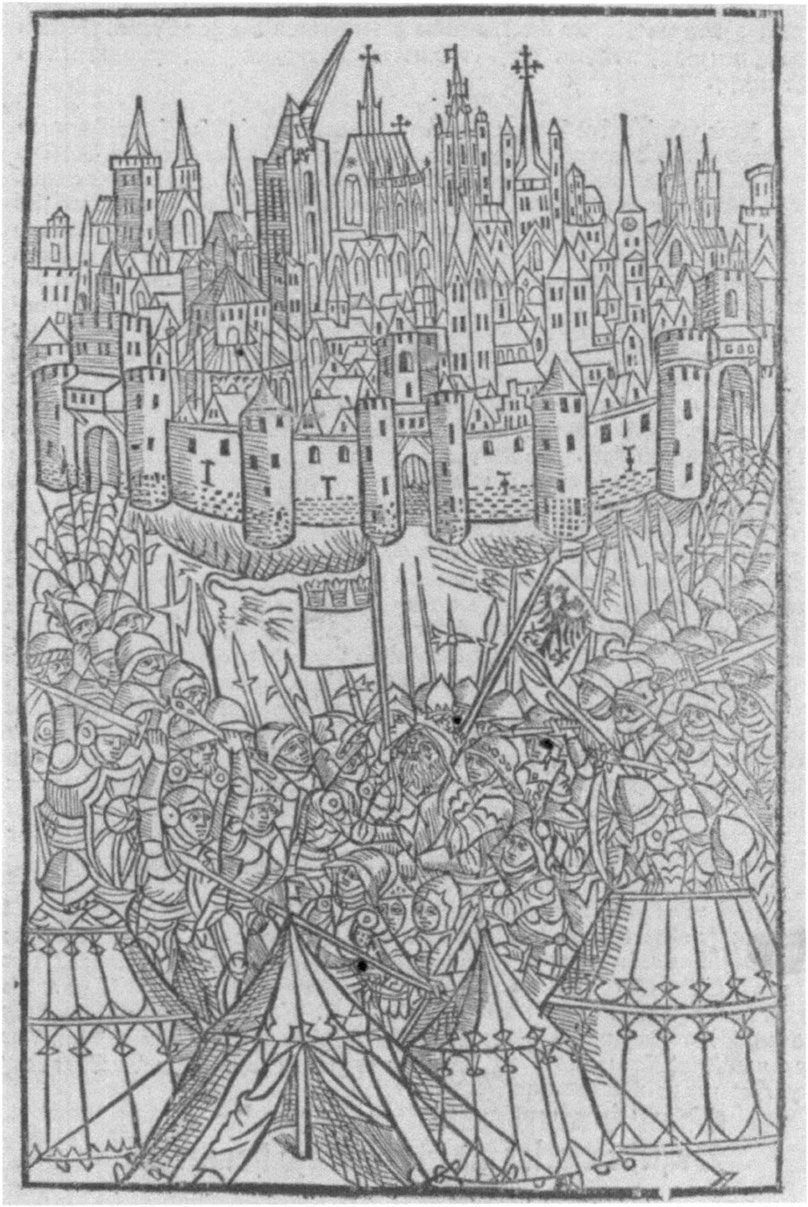

Abb.12: Marsilius

Marsilius

Vor den Toren der Stadt Köln treffen zwei starke Heere aufeinander, das linke mit einem Wappen mit drei Kronen, das rechte mit einem Reichsadler. (128)

"Zu den Heidenzeiten geschah es, daß ein römischer Kaiser Köln belagerte und es in große Not brachte. Es begann in der Stadt an allem zu mangeln, am meisten aber war Mangel am Holz. Da war ein edler Bürger und Hauptmann in der Stadt gesessen, der hieß Marsilius, der ersann einen listigen Anschlag und gab guten Rat. Eine Schar Frauen, als Männer verkleidet, mußte mit Karren und Holzwagen zu dem einen Tore aus und nach dem Walde ziehen, dort Holz zu fällen oder auch nur so zu tun, als sei das der Schar Geschäft und Wille, die Bürger aber unter ihrem Führer Marsilius zogen zu einem andern Tore hinaus, um den Feind, sobald er sich gegen die Schar der Frauen wenden würde, in den Rücken zu fallen. Und es geschah alles so, wie es vorgesehen war, und die Bürger drangen mit großer Macht auf den Feind, und auch die Frauen trugen ihre Wehren nicht zum Schein, und die Kölner gewannen einen vollständigen Sieg, erwarben viele Beute und gewannen eine große Schar von Gefangenen, darunter den Kaiser selbst, der ihre Stadt belagert. Der ward in einen tiefen Turm gelegt und sollte dann auf offenem Markte enthauptet werden. Schon war ein köstlicher Teppich bereitet, der des Römerkaisers Blut trinken sollte, und schon mußte der Kaiser auf ihn niederknieen; da sprach er: Ließet ihr mich leben, ihr Bürger von Colonia, so sollte euch mein Leben viel nützer sein denn mein Tod. - Da wurde dem Henker geboten, noch zu harren, und wurde noch einmal Rat gehalten, und Marsilius riet, dem Kaiser das Leben zu schenken, aber von ihm stattliche Gerechtsame zu begehren. Der Rat war den Kölnern abermals genehm, und Marsilius und die Senatoren entwarfen die Gerechtsame, welche sie fordern wollten, und schrieben sie auf eine glatte Tierhaut, und der Kaiser mußte sie besiegeln und seinen großen Ring in ein dickes Stück Wachs auf dem pergamentnen Brief drücken und seinen Namenszug danebenschreiben nach alter Sitte. Solches geschah an einem Donnerstage im Monat Junius, und hernachmals haben die zu Köln fort und fort am Donnerstag nach dem heiligen Pfingstfest diesen Tag begangen und ihn Holzfahrttag geheißen und sind mit Gesang und Spiel und Festlust nach dem Walde gezogen. Marsilius aber ward ob seines guten Rates hoch geehrt und der Stadt vornehmster Bürger und Hauptmann, und als er gestorben war, wurde sein Sarg in die Stadtmauer beigesetzt, da, wo man es nachher zu St. Aposteln genannt hat, und ihm ein steinern Denkmal aufgerichtet. Auch ist seine Bildsäule noch am Gürzenich zu sehen, dem alten Kauf- und Ballhaus der Stadt Köln, neben ihrem Begründer Marcus Agrippa, zu ewigen Ehren und Gedächtnis." Aus Ludwig Bechstein, Deutsches Sagenbuch, Leipzig 1930

Abb.13: Trajan

Trajan

Kaiser Trajan und zwei Begleiter auf Pferden, mit einem Reichsadler (144)

Abb.14: Trajan

Kaiser Trajanus

Kaiser Trajan spricht:

Yr edell Burger Wyr frijen uch
Disse gulden bull sij ure getzuych

umrahmt von zalreichen Höflingen.

unten Vertreter der ersten 15 Kölner Geschlechter, siehe unten. (146)

Die ersten 15 Geschlechter: ihre Wappen

Dit syn beyde Ritter ind knecht Van Coelne dye xv geslecht

Abb.15: Die Geschlechter-Wappen

Quattermart — Cläder Adocht — Spyegel vam Roiden-berch tzom Dyſberch

Dye Jueden — Hardefuyſt — Lieſkyrchen

Overstoltze, Scherffgyn, vam Horne
Quattermart, van der Adocht, Spyegel vam Roidenberch zum Dijsberch
dye Jueden, Hardefuyst, Lieskyrchen
vam Ghire, vam Grijne, Birckelin
vam Hyrtzelyn, vam Overstoltz die man noempt van Effrem, Cleingedanck. (149 ff)

Abb. 16: Maternus

Maternus

Vor den Toren der Stadt Köln wird die Leiche eines Bischofs herausgetragen, in einem Boot liegt dieselbe Leiche (161)

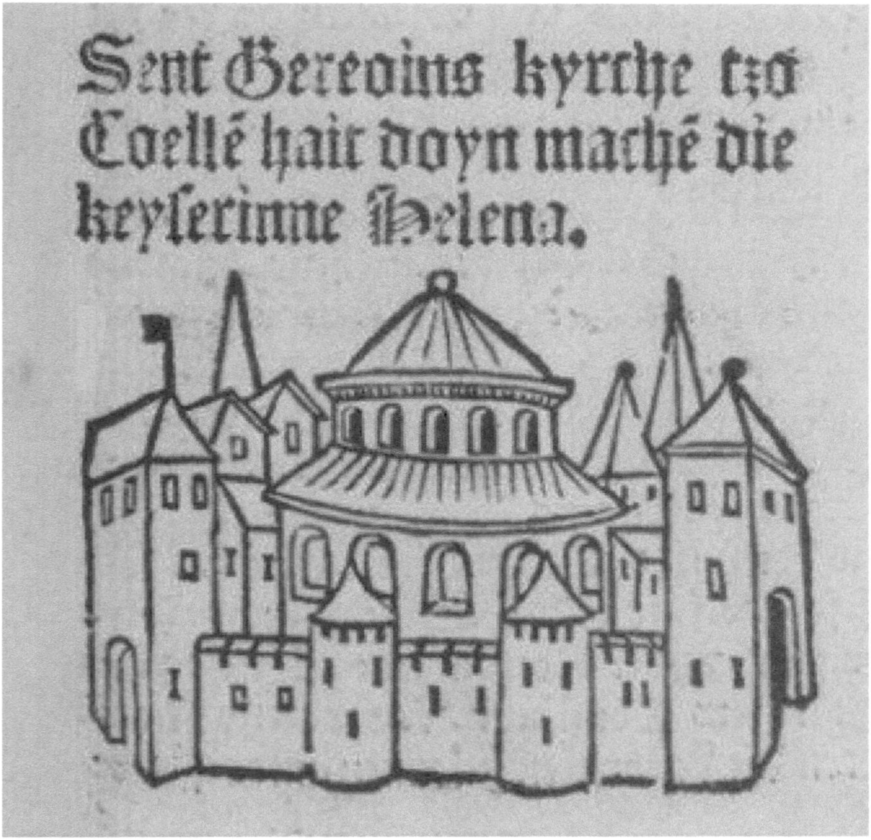

Abb. 17: St. Gereon

St. Gereon

Sent Gereoins kyrche tzo Coellen hait doyn machen die keyserinne Helena.

Eine hanebüchene Geschichtsklitterung: Die Kaiserinmutter Helena († 330) soll die Kirche des heiligen Gereon gebaut haben. Der Lyoner Bischof Eucherius hat diese Behauptung im 5. Jahrhundert verbreitet, in Zusammenhang mit der Legende der thebäischen Legion. (182)

Abb. 18: Priamus

Priamus, der erste Herzog der Franzosen

Ein Fürst und ein Begleiter auf Pferden, mit einer Fahne, die zwei aufrechte, gegenüber stehende Löwen zeigt. Phantasiebegabte Männer des Mittelalters wussten ganz genau, dass die Trojaner mit ihrem König Priamus nach Deutschland gekommen waren und Städte wie Xanten und

Bonn gegründet hatten, siehe https://www.mgh-bibliothek.de/dokumente/a/a131433.pdf . (200)

Abb. 19: St. Ursula

Van den xi dusent ionfferen (=Ursula)

Ein Schiff kommt 452 in Köln an: auf dem Schiff die heilige Ursula, ein Bischof und 7 Frauen, von denen zwei schon enthauptet sind. An Land ein Anführer und drei Bewaffnete, die mit einem Schwert, einer Armbrust und einem Speer auf die Frauen zielen. (215)

Abb. 20: Hildebold

Hildebold

Hildeboldus der xix. byschoff tzo Coellen

Dargestellt ist eine Stadtmauer mit einem Stadttor, im Hintergrund Kirchtürme, vor dem Stadttor Hildebold mit dem Hirtenstab. Hildebold († 818 in Köln) war von 787 bis 795 Bischof von Köln und von 795 bis 818 der erste Erzbischof des Erzbistums Köln. Nach ihm ist der Vorgängerbau des heutigen Domes benannt. (266)

Abb. 21: Otto der Grosse

Otto I.

Otto primus keyser zo Rome.

Der gekrönte Otto reitet mit drei Begleitern, einer hält die Fahne, die den Reichsadler und zwei Löwen zeigt. (292)

Abb. 22: Worringen

1288 Worringen

Sijffert van Westerburch, der lij. Byschoff zo Coellen

Das Bild zeigt in der linken Hälfte die Truppen des Erzbischofs und seiner Verbündeten, rechts die Truppen der Kölner und die bergischen Truppen, jeweils erkennbar an den Fahnen. Unten das Dorf Worringen am Rhein. Oben rechts ein dreispänniges Fuhrwerk: der städtische (!) Wagen mit einem übergrossen Schlüssel.

Bischof Siegfried von Westerburg nahm Partei in dem jahrelangen Limburger Erbfolgestreit, sein Hauptgegner war Herzog Johann I. von Brabant. Am 5. Juni 1288 trafen die Heere auf der Fühlinger Heide bei Worringen aufeinander. Siegfried wurde schliesslich gefangengenommen und musste am 18. Juni 1288 in einem Vertrag mit der Stadt die Souveränität Kölns anerkennen. (518)

Abb. 23: Weber-Aufstand

Der Weberaufstand 20.11.1372

Bild einer Schlacht am Griechenmarkt: die Zunft der Weber unterliegt den Truppen der Patrizier. - Zu den Fahnen siehe oben. (588)

Abb. 24: Sachsen

1423 Sachsen

Wanne wye ind durch wen dat hertzochdom van Sassen ind dat kuerfurstendom is komen an die heren van Mijssen und Doringen.

Auf einem Thron sitzt ein gekrönter Herrscher und hält in der linken Hand ein Schwert. Vor ihm kniet ein Edelmann, der mit der Rechten eine Fahne hält: In der linken Hälfte die gekreuzten Schwerter Meissens, die rechte Hälfte zeigt das askanische Wappen Sachsens: im neunmal von Schwarz und Gold geteilten Feld einen schrägrechten grünen Rautenkranz. Sein Begleiter, gegürtet mit einem Schwert, hält die Fahne von Thüringen mit dem aufrecht schreitenden Löwen. Hinter dem sitzenden Herrscher ein Mann, der ein Schwert gezgen hat.

Friedrich der Streitbare erhielt 1423 das Herzogtum Sachsen-Wittenberg und die Grafschaft Brehna. Durch die Übertragung des Herzogtums Sachsen-Wittenberg an den meißnischen Markgrafen konnten sich die Wettiner schließlich aufgrund der damit verbundenen sächsischen Kurwürde unter die deutschen Kurfürsten einreihen. (629)

1499 Kirchen und Klöster in Köln[7]

»dat hillige Coellen«

Die geistliche platze bynnen Coelne.

Tzo dem eyrsten is bynnen der hilliger Stat Coellen eyn asso vernoempte Universiteit, ind sonderlinge in der hilliger schrifft, as menyrgen viden mach, nae vysswijsinge des gemeynen spruchs, as vurß. Item so is aldae eyn Ertzbyschoffliche kyrch in ent Peters ere gewijet.

Se[y]nen Stiffte	zo sent Gereon zo sent Severijn zo sent Cunibertus zo sent Andreen zo den Apostolen zo sent Marien grden zo sent Joris zo dem cleynen sent Mertijn zo sent Columben zo sent Laurencius zo sent Brigiden zo sent Peter zo sent Cunibertus, ouch eyn Stifft zo den Apostolen, ouch eyn Stifft zo sent Severijn, ouch eyn Stifft

[7] (Die Cronica van der hilliger Stat Coellen, 1499, S. Bl. 166 ff); ULB Münster, urn:nbn:de:hbz:6:1-439958: Seite 330 ff.

xix kirspels kyrchen	zo sent Johan by sent Katherijn zo sent Jacob zo sent Marien zo Lyskyrchen zo sent Alban zo sent Mauricius zo sent Johan by dem Doym Im Petsch, Off jm Nuwen doym, nutzer tzijt zo sent Lupus zo sent Paulus zo sent Marien afflais zo sent Cristoferus
xiij mans Cloister	Der duytscher heren orden genant zo sent Katherijn Sent Johans orden, der heren van Rodijss genant zo sent Johan [und] Cordulen Sent Antonius heren Panthaleon van sent Benedictus orden zo dem groissen sent Mertijn, van sent Benedictus orden zo den Carthusern Regulares canonici, genant zo unsers heren lych[n]am zo den Cruitz broederen zo den Predigern zo den Minrebroederen zo den Augustinern zo den Carmeliten, off zo unser liever vrauwen broedere zo den Priesteren tzo Wijdenbach
xiiij Jonfferen Cloistere	zo den xi dusent Jonfferen zo sent Cecilien zo sent Marien in Capitolio zo sent Maximin zo sent Agathen zo sent Machabeen, off zo Maniren zo sent Mauricius zo sent Marien garden zo sent Marien zo Seyn zo sent Gertruit zo sent Claren zo sent Aper zo sent Agacius up sent Marcellus straiß zo den Wijssen vrauwen
Tzwae mans capellen	zo sent Marien ad olivas, dat men noemt, Marie tzo den Coliven zo der longen

	zo Bethlehem up sent Gereons straiss zo sent Ignacius zo sent Niclais by den Augustineren zo sent Johann by sent katheryn
viij Clusen off Capellen dair beslossen suesteren wonen	zo sent Reynhart zo sent Bonifacius zo sent Michell by sent Cecilien tzom hollender jn der Remersgassen zo sent Vincentius up der Burchmuyren zo Bethleem up dem Egelsteyn zo dem Alden doym zo sent Marcellus zo sent Servais zo allen hilligen zo sent Mathijs by der bach zo sent Johan up der breyder straissen zo sent Stephan zo sent Thomas zo sent Quintin zo dem hilligen geist zo sent Niclais by sent Marien zo sent Herebert by sent Paulus
xxx(?) Capellen mit altaren niet offenbair	Sent Noitburgen capell by sent Marien malzbuchel Sent Egidius capelle Sent Jheronymus capelle Sent Michel up der Marportzen Sent Michel by sent Severijn Sent Michel in der Marckmansgassen Sent Michel by sent Cecilien zo sent Sergius in der Rijngassen zo sent Jherusalem up dem platze zo sent Agneten up dem Nuwenmart zo sent Agneten by Franckentorn zo sent Alexius by den xi duysent Jonfferen zo sent Salvatoris[8] capelle by sent marien Maltzbuchel Sent Lambertus capelle by der paffen portzen Des hilligen Cruitz capelle by sent Claren zo sent Marien magdalenen

[8] In der Vorlage: Salvatoirs

	zo sent Margreden zo sent Agacius up sent Marcellen straisse

Wat hilliger Stat ind Plaetze dat sij angemerckt den steden gotz dienst in dem vurß gotzbis(?) seren mit untzellicher gracie und afflais jnd wat hilliger mynschen dae syn, bedenck by sich selffs eyn yecklicher.

viij Spitaill vur arme alde lude	zo allen Hilligen as vurß zo sent Herbert by sent Paulus, as vurß zo dem grossen sent Mertijn zo sent Gereon Centurio zo sent Marien by dem Maltzbuchel zo sent Panthaleon zo sent Agneten zo dem hilligen geist
zwen Spitaill vur krancklude	by den xi dusent Jonfferen by sent katherijn
zwen Spitaill vur arme pylgerym	up dem katzenbuich up der breyderstraissen zo sent Johan

Boven die vurß Spitalen dae vlijslich ind mit aller ernsticheit[9] ind willicheit verwart werden, werden gespijser vill affgainder ind tzokomender untzellich armer lude, van allen landen, die welche all zo samen niemant vyssgeflossen, intfait die hillige Stat zo gelijchnisse der moder der barmhertzicheit die beyde samen zo eynte tzijt as zwae suesteren syn gelosen wurden. Wat armer priester vyss allen alnden ind ader geistlich person dae sich behelpen under den Burgeren, dat is worder zo sagen ind zo hoiren.

Die vergaderunge Eystunge ind Begynen Convent bynnen Coellen

In sent Columben kyrspel [Kirchspiel oder Pfarrei]	Eyn vergaderunge van sent Augustinus orden zom Lemgyn In der Marien garden gassen Eyn Convent van sent Franciscus Eyn Convent Tzo dem Stern Eyn Convent Tzo der Lylien Eyn Convent Zom Lemgyn

[9] In der Vorlage: nersticheit.

	Die Cluse up sent Margarden cloister By sent Margarden Sent Hupertz Convent Loifss Convent Eyn Convent by Wilhelmus putz In der Engergassen Eyn eynsige Reynches Convent In der Remersgassen Eyn Convent Zom Hirtz By den Minrebroederen Eyn Convent zo sent Peter Eyn Convent Zom Hanen Eyn Convent by dem putze, Dat mentzer Convent Eyn Convent Tzo der harderfuyst Vur den Minrebroederen Eyn Convent Tzo Lechenich Up der breyderstraissen Eyn vergaderung Tzom Lemgyn van sent Franciscus orden Eyn vergaderunge Tzom esell(?) van sent Franciscus orden Eyn vergaderung Tzom hilligen Cruytz Byschoffs Convent in der Glocker gassen Eyn Convent zo dem Spiegell Up der Bruggen by sent Columben Des bunten Convent Up der hertzoch straissen Eyn convent Tzom kieyart Eyn Convent Tzom Spiegell In der Strijtgassen Eyn vergaderunge van sent Franciscus orde zo wassenburch In sent Marien tempell Eyn Convent dairby
In sent Laurencius kyrspel	Eyn Convent in der groisser Butengassen
In sent Peters kyrspel	Eyn Convent Tzom yrganck by den Cruitzbroderen Eyn eynunge in der Tonis gassen van sent Augustinus orden Eyn Convent Tzom hanen up sent Cecilien straiss Eyn Convent Tzom hoghen durpell by der Wolkuchen Eyn Convent Tzo Romer rijch hynder sent Thonis Eyn Convent Tzom engel by der Wolkuchen Eyn Convent Zom Myrtz in der hoissgassen
In dem kyrspell Zo den Apostelen	Eyn Convent hinder sent Cecilien wingart Zom Lemgyn

In sent Albains kyrspell	Eyn Convent in der Cronen gassen Zo dem lemgyn Eyn Convent up der Santkulen
In dem cleynen sent Mertyn	Eyn Convent vur dem cleynen sent Mertijn
In sent Jacobs kyrspel	Sent Joris Convent by der drenck Sent Jacobs Convent in der Butgassen
In sent Severijns kyrspell	Eyn eynunge van sent Augustinus orden in der Achterstrassen
Zo sent Marien afflays	Eyn Convent Up dem Hundsruck Eyn Convent by dem putze Eyn Convent Remmuntz Convent Eyn vergaderunge jn der Stolchgassen Im Mommerfloch van sent Augustinus orden Eyn vergaderunge Tzo sent Ignacius van sent Franciscus orden Eyn Convent Spiess Convent Eyn Convent Der krieschßhoff Eyn Convent Lijskyrche off her Costijns Convent In der Engergassen by den Preitgeren Des hanen convent By sent Marcellus straiss Die groisse eynunge zom eynhorn van sent Augustinus orden
In sent Paulus kyrspel	Up sent marcellus straiss Eyn vergaderunge zo Monheym van sent Augustinus iij regel vyss dem orden Sent Marien knecht Eyn Convent dair by In der Smierstraissen Eyn eynunge In der Zell Eyn eynunge jm Liefloch Eyn Convent Holtzweilers Convent Under xvi huseren [Unter Sachsenhausen] Eyn vergaderunge Tzo Nazareth van sent Augustimus orden Eyn Convent Zom Kessel Up sent Gereons straisse Eyn Convent Zo Lemgyn

1543 Hermann von Wied: Appellation wider etliche leut (Titel)[10]

Reformation in Kurköln?

DEs Hochwirdigsten Jn | Got Vatters Fürsten vnd Herren | Hern Hermans | der Heiliger Kirchen zu Coelen Ertzbischoffs ... | Appellation Wider etliche besondere leut auss dem | Ehrwirdigen Thumcapitel Clero v~n der Vniuersitet zu Coelen v~n jre fürgewan | te beschwaerungen oder vermeinte Appellation newlich Jnterponiert ... | Auss dem Lateinischen verteutscht. | Anno XLV.[=1545] | Gedruckt in der Churfürst | lichen Statt Boñ durch Laurentium von der Mü|len ... |

1544 M. Bucer: Was Evangelion nun zu Bonn gelehret und gepredigt wird (Titel)[11]

WAS EVANGELIONN | nun zu Bonn im ertzStifft Cöllen | gelehret und geprediget wiirdt. | Das diese Lehre und Predige Wie recht | und ordentlich angestellet seye unnd | geübet werde. | Das darauß keinn unrath, sonder Gottes | Gnad und segen zu erwarten seye. | Durch Martinum Bucerum. | Jesaie. 5. | Wehe denen, die böses gut und gutes böses heyssen, Die | fünsterniß zum liecht und liecht zur fünsterniß machen. | Johan. 8. | Ist Gott ewer Vatter, warumb kennet jhr dann mein red nicht. | Sampt dem Urtheyl der verordneten von | der Clerisey zu Cöllen auff die Schrifft Mar | tini Buceri zu Bonn außgangen.

[10] Fundstelle: Bayerische Staatsbibliothek, Signatur: 4 Polem. 465.

[11] Fundstelle: Bayerische Staatsbibliothek, Signatur: 4 Polem. 465.

1545 Hermann von Wied: Appellatio contra certos quosdam homines (Titel)[12]

REVERENDISSIMI | In Christo Patris Ac Domini | Domini Hermanni, Sanctae Coloniensis | Ecclesiae Archiepiscopi... | Appellatio contra | certos quosdam homines ex Venerabiii Capitulo Coloniensi, Clero | item & Universitate, eorumque praesumpta sive gravamina, sive appel | lationem, nuper interposita ... | ANNO M.D.XLV.

1583 »Agneta Dei gratia«[13]

Spottlied auf Agnes von Mansfeld, die Ehefrau des Erzbischofs Gebhard von Truchsess, im Jargon mittelalterlicher Sauflieder

Agneta dei gratia
Comitissa Mansfeldia
Nova iam episcopa
Urbe in Colonia,
Quae dicitur Agrippina,
Praecando vobis plurima
Fodicia et prospera
Annuncio sequentia.
Visuri estis multa
Nova et inaudita
Hactenus non experta.
Cavete vobis et cetera
Non omnis pax est extra
Et bella intestina.
Spectabilis ex ima
Turre Babilonica
Qui vult tenire contra
Oportet habeat arma

Agnes, von Gottes Gnaden
Gräfin von Mansfeld,
jetzt die neue Bischöfin
in der Stadt Köln,
die Agrippina heisst.
"Durch Beten für euch sehr viel
... und Glück
kündige ich folgendes an.
Ihr wedet viel neues und
unerhörtes sehen,
bisher noch nicht bekanntes.
Hütet euch und das übrige,
kein Friede ist ausserhalb
und innen Krieg.
Sehenswert aus dem untersten
Babylonischen Turm

[12] Fundstelle: Bayerische Staatsbibliothek, Signatur: 2 H.ref. 40#Beibd.3.
[13] (Meister, 1902, S. 153 ff).

Dura et probata
Sicut princeps de Parma
Monstrat expedita.
Ego dei gratia
Colonie episcopo
Trucksessio coniuncta
Ter aut quater compuncta.
Trucksessium ab ira
Grandissima et dira
Libenter sum motura
Et blande intercessura
Ne faciat vobis dura.
Cras scribam haec plura.

Ferrum trahit magnes,
Episcopum sua Agnes,
Qualis videtur tibi res
Si sis ratione superstes
Vix credunt duo sive tres,
Sed mirabiliores
Habet consultatores,
Principes et comites
Hinc inde claudicantes
Hae sunt religiones.
Potissima est Agnes
Mansfeldicas per stirpes
Inveniuntur plures
Stellam conformem habentes
Dum Bipontiae tuas res
Quas fere decoxisses
Meum ut acciperes
Et tuum reservares
Suum non relinqueres
Recte tu et comites
Semper tibi similes
Per fabulas aniles
Persuasus est ut quaereres
Nova nec amitteres
Priores portiones
Curandum est ne properes
Nec ante hinc descederes

Wer dagegen halten will,
soll Waffen haben,
hart und erprobt,
wie der Prinz von Parma
sie zeigt: kampfbereit.
Ich, von Gottes Gnaden
mit dem Bischof Kölns,
dem Truchsess verbunden,
drei- oder viermal zerstochen[?].
Den Truchsess bewege ich gerne weg
von dem grossen und schrecklichen Zorn,
dass er euch nichts böses antue.
Morgen schreibe ich mehr."
Das Eisen zieht der Magnet,
den Bischof seine Agnes,
wie dir die Sache erscheint,
wenn du bei Vernunft bist.
Kaum glauben es zwei oder drei,
aber er hat wundersame Berater,
Fürsten und Grafen,
darin schlecht bewandert.
Das sind die frommen Bedenken:
Am ehesten ist es Agnes,
von mansfeldischer Herkunft,
es werden mehrere gefunden, die einen passenden Stern haben.
Während Zweibrücken dein Vermögen, das du fast ruiniert hättest.
Damit du meins bekommst,
und deins behältst
und seins nicht zurücklässt.
Zu Recht, du und deine Gefährten
sind dir immer ähnlich.
Mit Altweibergeschwätz
ist er überredet, neues zu suchen
Und früheres nicht zu verlieren.
Du musst eilen
und nicht vor ihm sterben,

Quam praeter bonam haberes	dass du noch was Gutes hast.
Praecandum est, ut valeres	Bitte, dass du gesund bist,
Et tu et tui comites.	du und deine Gefährten.

1607 Erhardus Winheim[14]: »Sacrarium Agrippinae«[15]

Kölns Kirchen

Series sanctorum ædium Coloniensium

Canonicorum (8)

1. S[ancti] Petri Metropolitana [=Dom]
2. B[eatae] Mariæ V[irginis] in Gradibus
3. S. Andreæ
4. S. Cuniberti
5. S. Georgij
6. S. Gereonis
7. S. Severini
8. S[anctorum] Apostolorum

Canonicorum & Canonissarum (2)

[14] Erhardus Winheim (Erhard von Winheim) war Kartäusermönch in der Kartause Engelgarten in Würzburg. In seinem 1607 erschienenen Buch *Sacrarium Agrippinae* beschrieb er die Heiligtümer und Reliquien der Stadt Köln. 1737 veröffentlichte der Kölner Drucker Steinhaus einen Nachdruck. Ab 1771 erfolgten Ausgaben, die Winheims vornehmlich als Pilgerbuch genutztes Werk mit den Beschreibungen Kölns von Aegidius Gelenius zusammenfassten.

[15] Gedruckt in Köln von Bernhard Gualteri, Seite 14 ff; Fundstelle: BSB München, Signatur H.eccl.1231; urn:nbn:de:bvb:12-bsb10028373-7; alphabetisch sortiert.

9. B. Mariæ V. in Capitolio
10. S. Ursulæ & 11000 Virg[inum]

Canonicorum & Canonicarum reformatar. (1)

11. S. Cæciliæ

Religiosorum (16)

12. Ad B. V. M., Carmelitarum
13. Ad S. Crucem, Cruciferorum
14. Ad S. Crucem, Dominicanorum
15. S. Achatij, P[atrum] Soc. Jesu.
16. S. Ad Corpus Christi, Cano. Regular.
17. S. Agnetis, Franciscanorum observantium ad Olivas
18. S. Antonij, Antonianorum
19. S. Augustini, Augustinianorum
20. S. Barbaræ, Carthusianorum
21. S. Catharinæ,Teutonicorum
22. S. Cordulæ, Ioannitarum
23. S. Francisci, Franciscanor. gaud.
24. S. Longini Alexianor. vulgo Bogodor. complentium mortuos
25. S. Martini Maioris, Benedictinorum
26. S. Michælis, VVidenbacensium, quos Hieronymianos vocant
27. S. Panthaleoni, Benedictinorum

Plebanarum (19)

28. B. M. Virg. in Pasculo
29. B. Mariæ Virginis ad Indulgentias
30. S. Albani
31. S. Brigidæ

32. S. Columbæ
33. S. Cristophori
34. S. Cuniberti
35. S. Iacobi
36. S. Ioannis Baptistæ, iuxta S. Catharinam
37. S. Ioannis Evangelistæ in Curia
38. S. Laurentij
39. S. Lupi
40. S. Mariæ in Lißkirchen
41. S. Mariæ Magdal[enae] iuxta S. Severinum
42. S. Martini Minoris
43. S. Mauritij
44. S. Pauli
45. S. Petri
46. SS. Apostolorum

Sanctimonialium Velatarum[16] (20)

47. B. Mariæ in Bethlehem, Clarissarum
48. Clarissarum Belgicar[um], de observantia
49. Horti B. M. V., Cistertiensium
50. In maiori Nazareth, Augustinian.
51. S. Agathæ, Benedictinarum
52. S. Apri, Cistertiensium
53. S. Bonifacij, Clarissarum
54. S. Claræ, Clarissarum
55. [S.] Gertrudis, Dominicanarum
56. S. Iacobi Maioris ad Agnellum in muro Castrensi, Augustinianarum
57. S. Joannis Bapt. in Clusa Parochiæ S. Ioannis, Benedictinar.
58. S. Mariæ Magdal. ad albas Dominas, August. reformatarum
59. S. Mauritij, Benedictinarum
60. S. Maximini, August. Regular.
61. S. Michælis, August. Regular.
62. S. Nicolaij, Augustinianarum

[16] = verschleiert

63. S. Reinoldi, Augustinianarum
64. S. Vincentij, Clarissarum
65. Speculi B. M. V., Cistertiens. vulgo *in Seyen*
66. SS. Machabæorum, Benedictinarum

Conventualium non Velatarum, tam curam Civitatensium Infirmorum gerentium[17], quam puellarum iuventutem domi erudientium[18] (15)

67. B. M. V., Augustinianarum in Vico S. Marcelli
68. B. M. V., Clarissarum, *in Strickgaß*
69. B. Mariæ Magdal., August. poenit.
70. In der Zellen, Augustinianar. in eadem platea
71. In minori Nazareth, August.
72. S. Annæ ad agnum inferiorem Clarissarum in eadem platea
73. S. Annæ ad agnum superiorem Clarissarum in eadem platea
74. S. Apolloniæ, Augustinianarum
75. S. Augustini, Augustiniarum in platea Schmirmensi, im *Cederwalt* vulgo
76. S. Elisabethæ, Augustinianarum, in Vico S. Antonij
77. S. Ignatij, Clarissarum
78. S. Iosephi, Clarissarum, ex apposito Horti Christi, in parochia S. Columbæ, alias, *Lous Convent*
79. S. Trinit., Carmelitar. iuxta paroch. S. Iacobi, *in der Büttgaß*
80. S. Trinitatis, Augustinianarum in platea *Achterstraß*
81. S. Ursula, Augustinianarum, in eodem Vico prope *Igelstein* alias Conventus Combustus

Sacella Hostilia (12)

82. Omnium Sanctorum, in lapide Hericij, vulgo *Igelstein* alias in lapide

[17] = Krankenpflege
[18] = Mädchenerziehung

Hirundinis[19]
83. S. Agnetis, in foro novo
84. S. Crucis,in platea lata
85. S. Heriberti ad S.Andream
86. S. Ioannis, eodem Vico, in parochia S. Columbæ
87. S. Iodoci, in Immunit. Capitolij
88. S. Laurentij, in parochia S. Ioan. Baptistæ prope S. Catharinam
89. S. M. Magd. Ad S. Gereonem
90. S. Nicolai, in Orphanatorio
91. S. Quirini, ad S. Panthaleonem
92. S. Spirtus, *uffm Thumbhoff*
93. S. Ursulæ, in Vico Stoicorum

Sacella principaliora vulgo notissima (25)

94. B. M. V. in Hierusalem prope domum Senatoriam
95. S. Ægidij, præcedenti contiguum
96. S. Afræ, in Immunitate Mariana
97. S. Benedicti, iuxta Capitol.
98. S. Dionysii, supra templ. Parochiale S. Ioan. B. in curia
99. S. Eligij, in fossa arenaria
100.S. Erasmij iuxta S.Severinum
101.S. Heriberti, in aula Tuitiensi prope S. Georgium
102.S. Hieron. in Bursa Ruremundana
103.S. Huberti, post Coenob. S. Maxim.
104.S. Lamberti, supra portum flamineam vulgo *Pfaffenportz*
105.S. Luciæ, in Turri S. Cuniberti
106.S. Marcelli, in platea S.Marcelli
107.S. Margarethæ,in area S. Margareth.
108.S. Matthæi & Victoris, vulgo S. Materni
109.S. Matthiæ, in platea Textoria
110.S. Michælis, in area S. Gereonis
111.S. Michælis, inter Cæmiterium, & Templum S. Severini, loco editiori

---

[19] = Schwalbenstein

112.S. Nicolai, iuxta Capitol.
113.S. Notburgis, iuxta Capitol.
114.S. Quirini, in Vinea Decanali S. Gereonis
115.S. Salvatoris, iuxta Capitol.
116.S. Servatij, in platea S. Ioannis
117.S. Stephani, vulgo *auff der Hoenportz*
118.S. Thomæ, *vffm Thumbhoff*

Sacella & Altaria Domestica, intra ædes Magnatorum, innumera. Conventus, sive Congregationes virorum atque Vetularum, absque religioso habitu, sub statutis Patrum, ex testatione fidelium, viventium, qui & ipsi sibi devotionalia Oratoria privatim, construunt, sparsim per urbem plus minus sunt 50 circiter.

Der jüdische Friedhof in Bonn-Schwarzrheindorf

»Haus des Lebens«

Im Norden des rechtsrheinischen Stadtgebiets liegt der alte jüdische Friedhof Bonns; der älteste erhaltene der 453 Grabsteine ist von 1623[20]. Wo die Bonner Juden vorher ihre Toten bestatteten, ist ungewiß; möglicherweise in Köln (Brocke/Bondy, 1998, S. 13). Die letzte Bestattung fand 1956 statt. Das Gelände war im 17. Jahrhundert im Besitz des kurkölnischen Stifts Schwarzrheindorf. Es liegt nahe, dass die Belegung des Friedhofs erst möglich wurde, nachdem die niederländischen und dann die spanischen Truppen die sog. Pfaffenmütz vor der damaligen Siegmündung und damit quasi vor dem Begräbnisplatz aufgegeben hatten (Brocke/Bondy, 1998, S. 45).

[20] Die ältesten der 2146 jüdischen Friedhöfe Deutschlands sind die von Worms (ab 1067) und Frankfurt/Main (ab 1267); der jüdische Friedhof in Köln-Deutz wurde ab 1698 belegt.

Im Jahr 1873 wurde der Friedhof im linksrheinischen Bonn an der Ecke Römerstraße / Augustusring eingeweiht. Er befindet sich in der Obhut der Synagogengemeinde. Der gepflegte Begräbnisplatz ist außer an Samstagen und jüdischen oder gesetzlichen Feiertagen tagsüber öffentlich zugänglich.[21] Der neue jüdische Bonner Friedhof wurde 1996 als Teil des kommunalen Waldfriedhofs am Götgesbach im Kottenforst (Bonn-Röttgen) eingerichtet. Er wird seitdem als zweiter Friedhof neben dem in der Stadt gelegenen Friedhof am Augustusring von der seit den 1990er Jahren wieder angewachsenen Bonner Gemeinde belegt. Die jüdischen Friedhöfe für Poppelsdorf/Endenich[22] (Hainstrasse) und Mehlem[23] (Levy-Weg) werden seit langem nicht mehr belegt. In Bad Godesberg sind jüdische Gräber seit 1895 integriert in den Burg-Friedhof; an der Aennchenstrasse[24] sind einige jüdische Grabsteine versammelt, ohne daß an dieser Stelle begraben worden ist.

Ein jüdischer Friedhof ist ein ›Haus der Ewigkeit‹ (›beit olam‹). Die Totenruhe ist zeitlich unbegrenzt. Da die Totenruhe nicht gestört werden darf, werden die Gräber nicht ›gepflegt‹ oder bepflanzt. Angehörige oder Besucher legen keine Blumen auf das Grab, sondern einen kleinen Stein auf den Grabstein. Die Grabsteine sind in Europa nach Osten – nach Jerusalem – ausgerichtet.

Eine Besonderheit des Schwarzrheindorfer Friedhof ist seine Lage unmittelbar am Rheinstrom: durch die wiederkehrenden Überschwemmungen – der Deich wurde erst im 20. Jahrhundert gebaut – sind manche Grabsteine, z. B. der älteste (siehe Abb. 29), im Laufe der Zeit im aufgeweichten Boden abgesunken; möglicherweise sind manche sogar ganz versunken.

Das Material der Steine ist überwiegend Trachyt oder Andesit aus dem Siebengebirge. Die Texte sind bis zum Beginn des 19. Jahrhunderts nur in

---

[21] nach https://www.kuladig.de/Objektansicht/O-12236-20110614-7 .

[22] 1861 – Jetztzeit, siehe https://www.kuladig.de/Objektansicht.aspx?extid=O-12270-20110615-22.

[23] 1868-1941, siehe https://www.kuladig.de/Objektansicht/O-12442-20110624-4

[24] siehe https://de.wikipedia.org/wiki/J%C3%BCdischer_Friedhof_(Bad_Godesberg)

hebräischer Schrift verfasst. Danach gibt es – parallel zur Emanzipation und Assimilation der Juden - immer mehr zweisprachige Inschriften (hebräisch und deutsch), und im 20. Jahrhundert (fast) nur noch deutsche Texte. Bis zuletzt bleibt der Segenswunsch auf Hebräisch: »Seine/Ihre Seele sei eingebunden in das Bündel des Lebens«.

Abb. 25: Blick in Richtung nord, 2004

Abb. 26: Blick in Richtung nord, 2024

Abb. 27: Blick in Richtung süd, 2024

Abb. 28: Blick in Richtung süd, 2024

Abb. 29: Schabtai Sohn des David , 10.08.1623 – Photo von 2024

Inzwischen ist der Stein fast ganz im Boden versunken, zu identifizieren nur mit der giebelförmigen Oberkante und der Rille. Ein (frühes) Photo des kompletten Steins in (Brocke/Bondy, 1998, S. 43)

Die Inschrift in Übersetzung:

Bewohner des Staubes
Mögen Sie Erwachen in Bälde Amen! nach kleiner Zählung.
Hier ist geborgen ein vertrauenswürdiger Mann, Darda
und Heiman, der Vornehme, der Meister Herr Schabtai Sohn des
David, Vorsteher und treuer Hirte, sein Name
besser als Salböl, Geheimnisse der Tora bei ihm
bewahrt, mit den Anliegen der Gemeinde beschäftigt
fürsorglich, zum Gastmahl stets
ladend, um des Frevels des Zeitalters
willen ward er ergriffen
und zur Höhe geladen; er ging hin in die verborgene

Welt am Tag 5, 14. des Trösters, seine
Seele sei eingebunden in das Bündel des Lebens und vor den ehrfurchtbaren Thron geladen,
wohnend, mit Tau belebe du, Jah, Amen![25]

Abb. 30: andere Steine in der Nähe des vorigen, 2024

[25] nach: (Brocke/Bondy, 1998, S. 43).

Abb. 31: Aron Simon Copenhagen, 07.08.1786 (2004)

Schimon Copenhagen stammte aus Kopenhagen und war Schreiber und

Beglaubigter der kurkölnischen Judenschaft. Er verfasste zwei Bücher: eins zu einem Scheidungsprozeß (›Das Licht der Lauteren‹), ein zweites über die Überschwemmungen des Jahres 1784. Er war verheiratet mit Fogel, Tochter des Rabbi Juda Mehler II.

Hier ist geborgen
der genaueste Schreiber und der Dichter,
sein Ruf bekannt in den Toren
den hervorragenden
Kennern der Halacha durch sein Licht,
Das ›Licht der Lauteren‹, das da
leuchtet den besten
der Weisen, der Gerades Verkündigende
in den Bruderschaften unserer Gemeinde beständig
nach ihrer Ordnung seit 30 jahres, es
ist de Eidam des Rabbiners und Fürsten, unseres
Lehrers und Meisters Herrn Juda
Mehler, das Andenken des Gerechten sei
zum Segen, der Rabbinische, unser
Lehrer und Meister Herr Aharon
Schimon[26], Sohn des Herrn Jaakow Awraham,
sein Andenken zum Segen,
aus Copenhagen, verschieden in der
Nacht des Tages 2 und begraben
am Tag 3, 14. Menachem 546 nach kleiner Zählung.
Eingebunden sei seine Seele in
das Bündel des Lebens.[27]

[26] Alternativ: Aaron Simon ben Jakob Abraham.

[27] Nach: (Brocke/Bondy, 1998, S. 205 ff).

Abb. 32: Wolff 1825/1835 (2004)

Grabstein mit einer deutlichen Levitenkanne; begraben sind hier Abraham Wolff (30.12.1825) und seine Ehefrau Sibilla, geb. Levi (11.03.1835). - Die Levitenkanne als Symbol auf Grabsteinen weist auf eine levitische Abkunft hin. Die Leviten waren im Jerusalemer Tempel auch für die kultische Reinheit zuständig und wuschen den Priestern vor dem Opferkult die Hände. Einer der wenigen gemeinsamen Grabsteine für Eheleute.

Hier sind geborgen

links:	rechts:
Und seine züchtige Gattin Frau Simele, Tochter des toragelehrten Herrn Löb [aus] Wesel, verschieden am Tag 5, 11. und begraben	Ein Mann, lauter und aufrecht, der toragelehrte Herr Awraham, Sohn des geehrten Herrn Gumprich Halevi [aus] Neuwied,

am Tage des Vorabends des heiligen Schabbat, 12.
Adar 595 nach kleiner Zählung.
Ihre Seele sei eingebunden in das Bündel des Lebens

verschieden in der Nacht des heiligen Schabbat,
21. und begraben am 22.
Tewet 586 nach kleiner Zählung.
Seine Seele sei eingebunden in das Bündel des Lebens

Abb. 33: nicht identifiziert (2004)

Der Stein ist bei (Brocke/Bondy, 1998) nicht abgebildet; ein vergleichbarer Stein dort, Seite 319. - Die segnenden Priesterhände weisen auf die Abkunft aus dem aaronidischen Priestergeschlecht der Kohanim

(Cohn/Cohen/Kahn/Kuhn) hin. Diese waren im Tempel für die Darbringung der Opfer zuständig und sprachen den Segen über das Volk.

Abb. 34: Joseph Wallerstein, 24.04.1869 (2004)

Grabstein des Rabbinatsassessor Joseph Wallerstein, der angeblich äusserst kurzsichtig war. Auf älteren Photos (z.B. (Brocke/Bondy, 1998, S. 439) sind im unteren Teil des Steins noch mehr Zeilen sichtbar.

Dieses Steinmal zum Gedächtnis.
Glücklich der Mann hier verborgen, die Gebote
des Ewigen sein Begehr, Gottes Tora seine Erquickung tagein tagaus, gerecht

und ehrfürchtend den Ewigen und in seinem ganzen Hause bewährt. Sieh: geehrt sein Name –
der toragelehrte Herr Josef, Sohn unseres Lehrers und Meisters Herrn Mosche Wallerstein aus Bonn; er ware ein Priester dem Höchsten Gott, seine Lippen
bewahrten Erkenntnis, und Tora erbat man aus seinem Munde, mit ihm
nichts Fremdes, und vom geraden Wege wich er nicht, Liebeswerk erwies er
und Treue, Gerechtigkeit und Geradheit, und damit kam er
zum Heiligtum in der Nacht des Schabbatausgangs »Nach --- Heilig« und ward begraben
am Tag 2, 15. Ijar 629. Seine Seele sei eingebunden in das Bündel des Lebens

Abb. 35: Siegmund Cahn, 07.02.1924 (2004)

Beispiel eines zweisprachigen Steins. Die Formulierung des deutschen Textes orientiert sich an christlichen Vorbildern.

oben:

Schimon, Sohn des Schmuel Hakohen.
Seine Seele sei eingebunden in das Bündel des Lebens

darunter:

Hier ruht
Mein innigstgeliebter Gatte
unser herzensguter Vater
Siegmund Cahn
geb. 23. Juli 1875
gest. 7. Febr. 1924.[28]

[28] nach: (Brocke/Bondy, 1998, S. 517).

Abb. 36: Levy, 1920/1931 (2004)

Grabstein der Eheleute Leopold Levy (* 07.12.1851 † 12.12.1920) und

Rosa Levy, geb. Kronthal (* 04.03.1849 † 30.10.1931). Auf älteren Photos (Brocke/Bondy, 1998, S. 511) ist der Stein nicht verwittert bzw. mit Flechten überzogen.

Hier ist geborgen
Ein Mann, den Ewigen ehrfürchtend von Jugend auf,
lauter und aufrecht in all seinen Taten
und strebend nach Frieden alle Tage seines Lebens,
es ist der Teure, Jehuda Sohn des toragelehrten Herrn Kalonymos[29],
verschieden am Tag 1, 1. des Neumonds Tewet im Jahr 681 nach kleiner Zählung.
Seine Seele sei eingebunden in das Bündel des Lebens

Hier ruht in Frieden
mein lieber Mann
unser lieber Vater u. Grossvater
Leopold Levy
geb. 7.12.1851
gest. 12.12.1920

Frau Rachel Tochter des Schimon
Ihre Seele sei eingebunden in das Bündel des Lebens

Unsere liebe Mutter u. Grossmutter
Rosa Levy
geb. Kronthal
geb. 4.3.1849 gest. 30.10.1931[30]

---

[29] Die Familie des Kalonymos war im Mittelalter (!) eine bedeutende Familie im Rheinland; aus KALONYMOS wurde im Laufe der Jahrhunderte über KLONMUS schliesslich CLEMENS.
[30] Nach: (Brocke/Bondy, 1998, S. 510 f).

Abb. 37: Infotafel, 2024

1632 M. Zeiller: Itinerarium Germanie nov-antiquæ – Teutsches Reyßbuch durch Hoch und Nider Teutschland

Itinerarium Germaniæ | nov-antiquæ | Teutsches | REYßBUCH | DURCH HOCH UND NIDER TEUTSCHLAND | auch angräntzend, unnd benachbarte Königreich, Fürstenthumb und Lande, als Ungarn, Siebenbürgen, Polen, Schweden, Dennemarck etc. So vor alters zu Teutschland gerechnet worden sein: [...] durch Martinum Zeillerum. | Straßburg | In Verlegung Lazari Zetzners Seligen Erben. | Anno MDCXXXII. [31]

Auszug

13. St[adt] Santen. 3 m[eilen] Ist eine geringe Statt, zum Herzogthumb Cleve gehörig. Lateinisch wird sie Xanthum genant, da herumb vorzeiten die Gugerni gewohnet haben. Die Alten habens fälschlich Trojanam, und Trojam Francorum geheissen, weiln Doracus, Wastaldus unnd Hunibaldus gedichtet haben, daß, nach Zerstörung Troiæ, die Trojaner unter dem Jüngern Priamo, oder, wie Andere wollen, des Hectoris Sohn Franco, in diese Landtsart kommen, unnd vier Stätte, unnd unter denselben dieses Santen oder Trojam, erbawet haben, von welchen volgents die Francken herkommen seyen. Besihe Stephanum Pighium[32]. Es haben auch die Alten gedicht, daß dieser Orth vom Fluß Xantho den Namen habe, da doch derselbe nirgents zu finden. Er Pighius helt darfür, das Santen an dem orth stehe, wo vorhin Ulpia castra, und Colonia Trajana gestanden unnd daß solcher Orth von den heiligen Märtyrern, auß der Theb[äischen] Legion, so daselbst auff befelch des

[31] Fundstelle: BSB München, Signatur 2 It.coll. 37 b: urn:nbn:de:bvb:12-bsb10330394-8.

[32] Steven Winand Pigge (* 1520 in Kampen an der IJssel; † 16. Oktober 1604 in Xanten), der sich als Humanist Stephanus Winandus Pighius nannte, war Prinzenerzieher am Hofe Wilhelms des Reichen in Düsseldorf und als Philologe und Antiquar tätig. "In Hercule prodicio [1587] p.39."

Keysers Maximiani umhbracht worden, den Namen habe, deren Gebain S[ancta] Helena bald hernach alda in der von ihr erbawten Kirchen, begraben hat. Cluverius[33] helt darfür, daß des Taciti[34] vetera, oder vetera castra, eben dieses Santen seye: darwider aber Gerardus Noviomagus ist.

14. St. Rheinberg oder Berck. 2 gute meil[en]. Dieser orth wird zum Stifft Coeln gerechnet, welchen Anno 1589 der Graff von Manßfeld mit einer Spanischen Besatzung belegt hat. Anno 97 hat solche Printz Moritz mit Accord erobert: aber im folgenden 98. Jahr hat ihme dieselbe Don Francisco de Mendoza, Admirant von Aragonien, wider abgenommen. Anno 1601 bekam solche Printz Moritz wider, als er tausent Mann darvor verlohren hatte: aber Anno 1606 nahme die Marquis Spinola wider ein.

15. St. Nuyß. 7 meil. Diese Statt Nuyß oder Neuß, so die Lateiner Novesium, Nivesium, unnd Nussiam nennen, ligt am Wasser Erp, oder Erfft, bey einer halben Stunde vom Rhein {dessen ein Arm zur Statt gehet} am Gallischen boden. Cluverius sagt, das Drusus allhie anfangs ein Castell erbawt habe. Tacitus gedenckt dieses orths gar offt in seinen Historien. Gehört ins Stifft Coeln, unnd ist <462> nach der länge etwas in der höhe gelegen, unnd wolerbaut. Anno 881 ist sie von den Nordmannen verbrent worden. Keyser Philippus hat sie auch belägert unnd erobert. Anno 1474 als Landgraff Hermann auß Hessen, wider Rupertum Hertzogen in Bayern, zum Bischoff zu Cöln erwehlt worden, unnd diese Statt es mit den Landgraven hielte, so hat Hertzog Carl von Burgund sie belagert; muste aber entlich wider abziehen, nachdem er schier ein gantzes Jahr darvor gelegen war: unnd hat der Keyser Friderich der Burger Tapfferkeit nit unvergolten gelassen, sondern jhnen allerhand Freyheiten ertheilt: sonderlichs aber sie des Zoll am Rhein befreyt gemacht, jhnen die Gerechtigkeit zu Müntzen, unnd sich deß rothen Wachs, unnd eines guldenen Adlers im schwartzem Felde, zu gebrauchen, gegeben. Keyser Maximilianus I. hat hernach daselbst besagten Hertzog Carlo von Burgund einige[!] Tochter geheuratet. Anno 1585 den 10. Maij, nahme diese gewaltige reiche Statt der Graff von Newenar mit listen ein, darauß er dem gantzen Stifft, im Namen des abgesetzten Ertzbischoffs zu Cöln, Gebhart Truchsessen, grossen schaden thate. Aber folgendes Jahr ward sie, auff bitt

[33] Philipp Clüver (latinisiert als Philippus Cluverius; * 1580 in Danzig; † 31. Dezember 1622 in Leiden, Niederlande) war ein deutscher Geograph und Historiker. "Lib. 2 antiq. G. [1616], c.18."

[34] In Hist. German. Infer.

des newen Ertzbischoffs Ernesti Hertzogs in Bayern vom Hertzogen von Parma wider belägert, und als durchs Pulver unversehens in der Statt Fewr entstanden unnd der Gubernator geschossen worden, von jhme in wenig tagen eingenommen, da dann fast jederman erschlagen, unnd schier die gantze Statt mit Fewr verderbt worden ist. Von solcher zeit an hat sie sich allgemach wider erholet. Die Hauptkirchen zu S. Quirin, wie auch die Mühl unter dem Thor, da man nach Cöln raiset, sein wol zu sehen. Besihe von dieser Statt Hadr. Junium[35], Bertium, das Theatrum Romani, das 4. buch Georg Brauns unnd Joh. Angel. Werdenhagen.

16. St. Cöln. 4 meil. Von dieser Statt Ursprung besihe oben das 1. Capitel, alda von dem alten Teutschen Volck, den Ubiis, gehandelt wird. Man helt sie vor die gröste Statt in gantz Teutschland, sowol diß als jenseit des Rheins: und ist sie die HauptStatt Germaniæ Secundæ, auch ein ReichsStatt, unnd das Haupt der HanseStätt, in Niderland unnd Westphaln gelegen. Unnd ist sie in den Hanseatischen Bunde umbs Jahr Christi 1201 kommen, wie Dresserus[36] schreibet, wiewol er anderstwo das 1481. Jahr setzet, unnd deswegen vom Werdenhagen gehandelt wird, als welcher nicht gewußt, daß Dresserus selbsten seinen jrrthumb {darum auch Bertius[37], unnd andere stecken} geändert hat. Sie hat keine Vorstätte, ligt wie ein Bogen nach der lenge am Rhein, über welchen Keyser Constantinus da eine Brucken geschlagen, welche Otto M[agnus] der Keyser, mit bedachtem Rath, samt der Vestung Duitsch disseits des Rheins gelegt, hinweg gethan hat wie Freher[38] meldet. Anno Christi 1180 ist sie erweitert worden, hat jetzt 83 Thürn zur Beschützung, einen doppelten

---

[35] Hadrianus Junius (eigentlich: Adriaen de Jonghe; * 1. Juli 1511 in Hoorn, Niederlande; † 16. Juni 1575 in Middelburg) war ein niederländischer Humanist, Arzt, Historiker, Philologe und Dichter: "In Batav. p.156 & 165." – Georg Braun (* 1541 in Köln; † 1622 ebenda) war Theologe, Kanoniker und Dekan am Stift St. Mariengraden in Köln. Braun war in den Jahren von 1572 bis 1618 der Autor und Herausgeber der Civitates Orbis Terrarum: " Part. 4." - Johann Angelius (von) Werdenhagen (* 1. August 1581 in Helmstedt; † 26. Dezember 1652 in Ratzeburg) war ein deutscher Philosoph, Politologe und Diplomat: "Reb. Hanseat.[1631] 16." - Petrus Bertius (also Peter Bertius; (in Dutch) Pieter de Bert) (14 November 1565 – 13 October 1629) was a Flemish philosopher, theologian, historian, geographer and cartographer.

[36] "part. 5,1 sag. Hist. in descript. hujus urbis."

[37] "Vid. Chyr. Sax. l.3, p.82."

[38] Marquard Freher (* 26. Juli 1565 in Augsburg; † 13. Mai 1614 in Heidelberg) war ein deutscher Jurist, Historiker, Publizist, Diplomat und Staatsmann: "part.2, Origin.pal. [1599], c.7."

Graben, unnd Maur und 34 Thor: hat auch in vielem eine gleichheit mit der Statt Rom, wie hievon Bertius[39] kan gelesen werden. Umb das RathHauß, auff dem Marckt, stehen ansehenliche Häuser, ingleichem auch auff dem Hewmarckt: die Gassen sein schön, weit, unnd mit braiten Steinen gepflästert, und mit schönen Häusern gezieret. Im Theatro Urbium Romani stehet, daß allhie 11 Stiffter, oder Collegia Canonicorum, 12 Manns- unnd 10 JungfrawenClöster, unnd 19 Pfarrkirchen zu finden, deren theils doch auch Canonicaten und Præbenden haben. Georgius Braun in seiner weitläuffigen beschreibung setzet 19 Pfarrkirchen, 10 Stifftkirchen, 15 MönchsClöster, 22 JungfrawenClöster {unter welchen 8 die auff dem Haupt schwartze Wielen tragen} 60 anderer Bäginen oder Nonnen {welche ins gemein Schwestern genant werden} unnd alter Weiber Convent, 20 Capellen, zwey Gasthäuser oder Hospital, zwey Siechen- oder KranckenHäuser, acht Häuser, darinn alters halben, unvermögene Männer unnd Weiber versorgt werden: Item ein Fündelhauß unnd das Hauß, darinn man die Unsinnige gefangen helt, {so die Cölnische das Hundhauß nennen}. Unnd mit ihme stimmet auch Werdenhagen[40] uberein, ausser daß er an stat der 60 Weiber Convent 59 setzet, auch von dieser Statt Namen dieses vermeldet, daß sie erstlich Ubiopolis, <464> und hernach vom M[arcus] Agrippa, Keysers Augusti Tochtermann, der die Ubios so uber den Rhein gesetzt, in seinen Schutz genommen, unnd diese Statt restaurirt, Agrippina seye genant worden, welcher Nam desto mehr zugeflossen, als sein Enicklin, die Agrippina, des Caesaris Germanici Tochter, daselbst gebohrn worden, die hernach bey Regierung Keysers Claudii ihres Herrn und Gemahels ein Römische Coloniam, oder Römische Burger, und erlebte Soldaten, dahin gesetzt hat. Sie ist lang unter den Römern gewesen, biß ihre Macht geschwächt, und sie Anno 472 oder 75 den Francken gar zu theil worden ist: von welcher zeit an sie zu Franckreich gehört, bis sie Keyser Otto I. umbs Jahr 949 oder 50 zum Teutschen Reich gebracht, unnd also auß ihr ein ReichsStatt gemacht, wiewol es mit den Bischoffen des orths immerzu streit abgeben hat, unnd sonderlich wegen des Gewalts, unnd der Schlüssel in der Statt, Krieg entstanden ist: wie hievon bey oberwenten Authorn, wie

---

[39] s.o.: "Lib.3 Comment. Rer. German. [1616]"

[40] s.o.: "de Rebusp. Hans. Part. 4, p.767."

auch in der Speyrischen Chronic Lehmani[41], beym Saurio[42] {der einen kurtzen Außzug der vornembsten Cölnischen Geschichten setzet, unnd daß Anno 1349 allhie die Juden verbrant worden, unnd Anno 1451 bey 21000 Menschen gestorben seyen, meldet} unnd in der Cölnischen Chronic[43] mit mehrerm hievon zu lesen ist. Und hat der Autor gemelter Chronic sie biß auffs Jahr 1496 erstreckt, und mehr collectanea, als ein rechte Histori beschrieben, unnd solchen zusammen getragnen sachen viel Fabuln, und dergleichen eingemischt, wie gedachter Werdenhagen [p.775] von jhme schreibet: der auch die Regimentsform dieser Statt setzet, und daß sie von 49 Rathsherrn, die jährlich erwehlet werden, regiert werde: und daß allhie, wie in einer Democratia, oder gemeinem Bürgerstande, die angenehme Freyheit gleich außgetheilet seye, vermeldet und was die Graven von Neuenar, so nun abgestorben, unnd dero Erben, die Graven von Bentheim vor Gerechtigkeiten in dieser Statt haben und daß die Statt ihrem Ertzbischoff huldige, anzaiget [p. 692].

Es ist allhie schon zu der Römer zeiten unnd hernach gleich zu anfang des Christenthumbs ein gute Schul gewesen, welche aber erst Anno 1388 zu einer allgemeinen und Hohen Schul gemacht, und mit vielen Freyheiten, dern zu Pariß gleich vom Bapst Urbano VI. begabet, unnd von dem Rath daselbsten mit Einkommen reichlichen versehen worden ist. Sie hat auch in criminalibus uber die ihrige zu gebieten. Der erste Rector war Hertlinus de Marca. Besihe Nicol. Reusnerum[44]. Es sein neben der Universitet, auch noch drey offentliche Gymnasia, unnd sonsten über die hundert PrivatSchulen allhie, wie gedachter Werdenhagen meldet. Von Kirchen ist sonderlich da S. Peters, oder der Dom zu sehen, den Bischoff Conrad Anno 1248 zu bawen angefangen hat. Ist sehr weitläuffig unnd groß, und so derselbe außgebauet worden, so were seines gleichen in gantz Teutschland, unnd vielen andern Königreichen nicht, unnd könte man ihn unter die Wunderwerck in Europa zehlen.

---

[41] Christoph Lehmann (* 1568 in Finsterwalde; † 20. Januar 1638 in Heilbronn) war ein deutscher Schriftsteller und Stadtschreiber in Speyer: Chronica Der Freyen Reichs Statt Speyr.

[42] Abraham Saur (* 12. Februar 1545 in Frankenberg; † 18. Juli 1593 in Marburg) war ein deutscher Jurist, Historiker und Schriftsteller: "in parvo theatro Urbium".

[43] Gemeint ist die Koelhoffsche Chronik.

[44] Nikolaus Reusner, ab etwa 1594 von Reusner, (* 2. Februar 1545 in Löwenberg, Herzogtum Schweidnitz-Jauer; † 12. April 1602 in Jena) war ein deutscher Rechtswissenschaftler und ein produktiver neulateinischer Dichter: "De urbibus imperialib."

Es werden darinn die Heylige drey König in einer Capeln, so ringsherumß mit starcken Eisen vergittert, mit vielen statlichen Pocaln, gewiesen, die der Ertzbischoff von Cöln Reinoldus von Dasselt, vom Keyser Friderico I. als er Mayland eingenommen außgebetten, unnd hieher gebracht haben solle[45]. Man findet auch da vieler Hertzogen, Fürsten, unnd Bischöffe monumenta von Ertz unnd Alabaster. In der Macchabæer Tempel sollen ihre Cörper ligen, die auch besagter Reinoldus hieher transferirt hat. In der Eylfftausendt JungfrawenKirchen, so an diesem orth sollen sein erschlagen worden, werden viel reliquien, das Haupt S. Ursula, unnd vnzahlbar viel Beine gewiesen. In der Kirch zu Allen Aposteln ist eine Taffel von einem Weib, so für tode begraben, unnd wider lebendig worden ist. Besihe centur. 2 observat. Chirurg. Fabricii[46]. Im Tempel zu den Predigern ist des Alberti M[agni] Grab für dem hohen Altar, unnd werden seine manuscripta von ihme jtem ein Dorn von der Cron, und ein Creutzlein von dem Holtz des Creutzes Christi, item sein Alberti Magni Trinckgeschirr von lauter Crystall, und ein Fuß von einem unschuldigen Kindlein gewiesen. In S. Gerionis-Tempel ist des Gerionis Grab, sampt viel hundert Märtyrern so unter den Keysern Diocletiano und Maximiano solln sein ummgebracht worden. Das schöne Rathhauß, daran ein <465> hoher unnd herrlich erbauter Thurn, mit Bildern gezieret, ist auch wol zu besichtigen, darinn, neben andern, des Burgermeisters Bildnuß zusehen, welcher einen Löwen mit den Dolchen umbgebracht hat, wie beym Meigerio[47], und in dem Theatro tragico zu lesen. Gegen uber, an dem orth, da vor diesem die Juden ihr Synagog hatten, ist ein Capell, so man jetzt Jerusalem nennet: darinn ein Gemälde, so von den Künstlern mit verwunderung besichtigt wird. Es führt im ubrigen diese Statt drey Cronen zum Wappen: unnd hat Jul. Cæsar Scaliger diese Verß von ihr gemacht

Maxima cognati Regina Colonia Rheni
Hoc te etiam titulo Musa superba canit.
Romani statuunt, habitat Germania, terra est
Belgica, ter felix, nil tibi Diva deest.

---

[45] "vid. d. Werdenh., part 4, p.775."

[46] Girolamo Fabricio d'Acquapendente: Opera chirurgica, Frankfurt 1619.

[47] Samuel Meiger, auch Samuel Meyer (* 1532 in Rendsburg; † 12. Juni 1610 in Nortorf), war ein deutscher Pastor, Autor, Herausgeber und Gelehrter: "in Nucl. Hist., l.3, c.18; Hist. 6, p.188."

17. Belangende nun das Ertzstifft Cöln, so reich unnd mächtig unnd ein Churfürstenthumb ist, so ist solches zu dem Reichthumb unnd Gütern sonderlich kommen, als Heinricus Leo, Hertzog in Bayern und Sachsen, vom Keyser Friderico I. in die acht erklärt worden, unnd führt von solcher Zeit an dieses Stifft den titul, Angern unnd Westphaln: wie es dann viel orth, unnd darunder auch die Statt unnd Graffschafft Arnsperg in Westphaln besitzet. Es sagt gleichwol Reusnerus[48], daß Keyser Otto der I. zugelassen, daß sein Bruder Bruno das Hertzogthumb Engern dem Ertzstifft Cöln habe incorporiren mögen. Es gehören unten den Ertzbischoff die Bischöffe von Münster, Lüttich, Minden, und Osnabruck, wiewol der jetzige Churfürst Ferdinandus, Hertzog auß Bayern, selbsten Bischoff zu Münster und Lüttich ist. Das Bisthumb Utrecht hat Cöln vorhin auch für einen Oberherrn erkant.

S. Maternus, des H[eiligen] Apostelen Petri discipulus, solle da am ersten das Evangelium gepredigt haben: deme mit der zeit S. Gereon gefolgt, so unter Diocletiano umbgebracht worden ist. Es fiele hernach diß Bisthumb dem Arianismo bey, bis S. Severinus solches wider auff den rechten Weg gebracht. Unter Carolo M[agno] ist allhie ein Ertzstifft angerichtet worden, unnd war der erste Ertzbischiff Agilolphus, auß welches Nachkommen sonderlich berümbt gewesen Bruno, dessen vorgedacht worden.

2. Heribertus Graff von Rotenburg an der Tauber Anno 990.

3. S. Anno umbs Jahr 1055, der etlichen falschen Richtern, so wider ein armes Weib ein unrechts Urtheil gesprochen, die augen außstechen lassen, ausser einem, dessen Gevatter er gewesen, deme er ein Aug gelassen, damit er die andere blinde hat heimführen können. Unnd damit die Gedächtnuß dieser That desto langwüriger were, so hat er auff ihre Häuser Leimere Köpff, mit außgegrabnen Augen, setzen lassen, damit die vorüber gehende sich darvor entsetzen solten.

4. Hermannus Graff von Weda, so Anno 1543 das Stifft reformiren wollen, aber Anno 47 abgesetzt worden, und Anno 52 auff seinen Gütern gestorben ist. Und solches hat Ertzbischoff Gebhard Truchseß Anno 1582 auch gethan, unnd sich verheuratet, muste aber doch entlich Hertzog Ernsten auß Bayern der Anno 1612 gestorben, weichen.

---

[48] "in Stemat. VVitishin., p.15." (?)

Gegen Cöln uber ligt der Flecken Duitsch oder Teutsch/Tuitium, alda Fl[avius Valerius] Constantinus ein Castel unnd Schantz erbaut hat, so Divitense munimentum, und die Soldaten Divitenses sein genant worden, welche Vestung aber Keyser Otto M[agnus] wie obgemelt, geschlaifft hat. Es ist daselbst ein statliches BenedictinerCloster, so umbs Jahr Christi 1012 ein Graff von Rotenburg an der Tauber, mithülff seines Brudern Heriberti, Ertzbischoffs zu Cöln, gestifftet, nachdeme er zuvor in einer grossen Hungersnoth, sehr viel Betler in eine Scheuren zusammen gesperrt, unnd verbrent gehabt, wie hievon Bruschius in beschreibung dieses Closters zu lesen.

18. St. Bonn. 4 kleine meil. Dieses orths wird gar viel in den Römischen Historien gedacht. Drusus hat ein Castell unter dem Keyser Augusto allhie erbaut, daraußfolgends ein Statt worden ist, so Keyser Julianus bevestigt hat. Und heißt der Nam soviel, als ein guter Sitz, oder Lager, oder Wohnung. Vorzeiten solle sie <466> auch Ara Ubiorum sein genant worden wie Cluverius schreibet. Dann die Ubii[49] hierumb gewohnt haben, dern eins theils so zwischen dem Rhein, der Maas, und der Mosel gesessen zu der Franckenzeiten, Ripuarii, Riparioli, oder Ribaroles sein genant worden. Der H. Maternus solle bald nach der Apostelzeit allhie gelehrt, und des Mercurii, den die Teutschen allhie angebettet, Altar und Bildnuß umbgestossen haben. Es ist ein schöne, lustige, wolerbaute Statt am Rhein in der ebne gelegen und zimblich bevestigt, alda der Churfürst von Cöln ordinari Hoff zu halten pfleget, dessen Schloß wie auch die HauptKirche alda, wol zu sehen sein. Hat auch einen schönen Marckt, und einen Herrlichen Brunnen. In einem alten Stein werden diese Verß von ihr gelesen:

Bonna solum felix, celebris locus inclyta tellus,
Florida martyrio terra sacrata DEO.
Exulibus requies asylum mite fuisti
semper, externi te reperere suam.

---

[49] "V[ide] Freherum p. 2, Orig. Pal. c. 7" [siehe Anm.38] "item Spigelius." [Adriaan van de Spiegel (auch Adriaan van den Spieghel oder latinisiert Adrianus Spigelius, * 1578 in Brüssel, Spanische Niederlande; † 7. April 1625 in Padua, Republik Venedig) war ein flämischer Anatom, Chirurg und Botaniker.] "Nicolaus Cisnerus in orat. de Othonis III. Imp. Instituta p.12. Ripuariorum nomine intelligit eos, qui ripas Moeni et Rheni accedunt." [Nikolaus Cisnerus (auch: Nicolaus Kistner oder Nicolaus Cisner; * 24. März 1529 in Mosbach; † 6. März 1583 in Heidelberg) war ein pfälzischer Gelehrter der Renaissancezeit. Er war Rektor der Universität Heidelberg und Richter am Reichskammergericht zu Speyer. Er war Humanist, reformierter Christ, Jurist und Lyriker.]

König Johannes auß Böheim hat sie belagert, und Anno 1587 ward sie von Martin Schencken eingenommen, aber das folgende Jahr von den Spanischen wider erobert und dem Churfürsten zugestelt. Umb die Statt herumb gibt es schöne Getraide, schöne Gärten, allerley Frücht, und einen guten Weinwachs.

St. **Andernach**, Antonacum, oder Antoniacum und Antunacum. 6 m. Die Notitia Imperii und das Itinerarium Antonini gedencken diß orths so am Rhein in der ebne gelegen und mit fruchtbaren Bergen umbgeben ist.

19 St. **Coblentz**. 3 m. Confluentia, oder Confluentes, welches orths Antoninus gedenckt, hat den Namen vom zusamenfliessen, weiln alda die Mosel, ein berümbtes Wasser, in den Rhein kommet. Ist ein schöne wolerbaute, Volckreiche, dem Churfürsten von Trier gehörige Statt. Ligt gar lustig auff einem fruchtbaren Boden, und hat es auff den Bergen unnd Hüglen herumb guten Weinwachs, die Burger alda sein freundlich, höfflich und auffrichtig und sein etliche Kirchen, das Teutsche Hauß, und des Churfürsten Palast daselbst zu sehen. Die Bruck uber die Mosel ist von Quadersteinen erbaut und gewölbt. Uber dem Rhein, auff einem hohen Berg, hat der Churfürst ein statliches vestes Schloß, Ehrenbret- oder Erenbreitstein genant, so der Statt und dem Fluß gebieten kan. Es wollen theils, daß allhie sich Ober- und Unter-Teutschland scheide, dessen Gräntze sie die Mosel, oder Obrincum Ptolemei setzen. Besihe Francisc. Irenicum[50], und D. Simons Richwins[51] beschreibung.

Die Landschafft zwischen Andernach und Coblentz neben dem Rhein, und an der Mosel, hat vorhin zur Pfaltz gehört und ist groß und klein Pellentz genant, aber umbs Jahr 1350 von den Pfaltzgraven der Trierischen Kirche geschenckt und von solcher wider zu lehen empfangen, und nachmals den Graven von Virnenburg zum Affterlehen gegeben worden, wie Freherus[52] meldet, der auch das Closter zum Loich, oder ad lacum nicht weit davon gelegen, sampt selbigem See, beschreibet.

---

[50] Franciscus Irenicus (von griechisch eirenicos „friedlich"), latinisiert aus Franz Friedlieb bzw. Franz Fritz (* 1495 in Ettlingen; † 1553 in Gemmingen), war ein deutscher Historiker und Theologe sowie Anhänger Martin Luthers.

[51] Simon Reichwein von Montabaur oder Dythemius (Ditemius) (* um 1501 in Montabaur; † 1559 in Trier) war ein deutscher Humanist, Arzt und Gelehrter.

[52] "Part. 1, Origin., c.2, part. 2.6.9.20."

20. St. Boppart. 3 meil. Diß ist ein alte, aber lustige Statt, dern Nahm im Theatro Romani für Bonport außgelegt wird. Die Notitia Imperii nents Bodobricam, Antoninus Boudobricam, andere Bodobrigam. Unnd dieweil Drusus, wie offt gemelt, am Rhein 50 Castell erbaut, so wird sonders zweiffels unter denselben auch Boppart geweßt sein, wie dann solches noch an den überauß alten viereckichten Gebäwen und den runden Vestungen in den Mauren, die doch nit höher als die Mauren ohne Thürn und oben her eben sein, darzu alle gleich weit von einander stehen, klärlich zu sehen. Besihe was Munsterus[53], B. Rhenanus, und Andr. Althaimerus uber den Tacitum schreiben. Keyser Heinrich der VII. hat sie, mit Oberwesel, seinem Bruder Balduino, Ertzbischoffen von Trier, versetzt und als sie ihme nit wolte gehorsam sein, hat er sie mit Gewalt zum gehorsam gebracht, daselbsten auch einen Zoll angerichtet, und das Schloß erbauet. Die vornembste Kirch alda ist zu S. Severo, welcher Bischoff zu Ravenna geweßt ist. Im Carmeliten, oder Frawenbrüder Closter daselbst <467> daselbst sein vieler grosser Herrn unnd Edelleuth Gräber zu sehen. Freherus[54] meldet, daß noch etwas von des Könige Hauß, oder regali palatio, bey Boppard zu sehen seye.

21. St. S[ankt] Goar, oder S. Gewer. 2 meil. Diese Statt gehört zur Nidern Graffschafft Catzenelenbogen unnd hat den Namen von einem frommen andächtigen Mann, so Goar geheissen, der umbs Jahr Christi 570 eine Kirch daselbsten gestifft, unnd darinn gelehret hat. Besihe von ihme Dresserum[55], item Wandelbertum[56] in seinem Leben. Gehört jetzt nach Darmstat, als Anno 1626 sie sich an Landgraff Georgen zu Hessen ergeben, der sie belagern hat lassen. Bey dieser Statt ligt, auff einem hohen Berg, das Schloß Rheinfels, welches Graff Diether der I. des Namens, Graff zu Catzenelenbogen, auß dem Closter Mattenburg Anno 1246 zu einem Schloß unnd Vestung gemacht unnd nach 9 Jahrn die vorüberraisende, den zoll zu geben, darauß gezwungen hat. Derwegen es entlich zu einem Krieg gerathen, also daß 60 Stätte am Rhein, umb solches newen Zolls willen, Statt unnd Schloß im Jahr 1255 zum häfftigsten belägert, aber nach einem Jahr unnd 14 Wochen wider

[53] "lib. 1 & 3 Rer. Germ."

[54] "part.2, Origin., c.2."

[55] "par.4,1 Isag. Hist. [1586 ff] de Episcop. Trevir." - Matthäus Dresser (* 24. August 1536 in Erfurt; † 5. Oktober 1607 in Leipzig) war ein deutscher Schulhumanist, Pädagoge, Philologe und Historiker.

[56] Wandalbert von Prüm (* 813 wahrscheinlich in Frankreich; † 870 (?) in Prüm, Eifel) war Benediktinermönch, Diakon, Theologe und Dichter: Vita et Miracula sancti Goaris.

unverrichtet sachen habe abziehen und den Graven den Zoll lassen müssen. Nach diesem hat Landgraff Philips der Jünger, diß Schloß mit schönen Gebäwen erweitert und mit einem Lustgarten gezieret, wie Wilhelmus Dilichius[57] in seiner Hessischen Chronic schreibet.

22. St. Oberwesel. 1 ½ m. Diese Statt, so auch am Rhein gelegen, gehört dem Churfürsten von Trier, der sie, sampt Boppart wie obgemelt, vom Keyser Henrico VII. bekommen, als er der Keyser zum Italianischen Krieg Gelts bedörfftig war. Die Alten nennens Vosaviam unnd Ficeliam[58], alda, wie theils wollen, Keysers Alexandri Mutter Mammæa erschlagen unnd begraben worden sein solle. Sie gehörte, ehe sie unter Keyser Fridrichen dem II. ans Reich völlig kam, denen von Schönenberg, von der Schloß man noch Thürn und Wände, ausser der Statt, auff einem Berge sehen thut. Sie ligt an einem lustigen orth. Die Kirch zu unser Frawen alda ist am vornembsten zu sehen: wie auch S. Martini Collegiatkirche, zwischen welchen beeden ein FrawenCloster ist, so das ältiste im Stifft Trier sein solle. An der Mauer, gegen dem Rhein, ist ein Spital, in dessen Capellen ein hültzerne Sau, an welche die Juden ein Knäblein, Werner genant, angebunden und getödtet haben, dabey stehet: Anno MCCLXXXVII. hat Wernerick de Wammenroid den tod gelitten, XIII. Kal. Maij. Heinricus Ranzovius[59] meldet, daß dieser Knab im 7. Jahr seines alters am Charfreytag getödtet worden seye. Ein wenig unter Wesel, zwischen den Bergen ist ein wunderbarer, unnd denckwürdiger Widerhall oder Echo, davon C. Celtes, unnd besagter Freherus können gelesen werden.

23. St. Bacharach. 1 ¼ meil. Allhie wächst der herrlich gute Wein, so weit und brait berümbt ist, welchen Keyser Carolus IV. und sein Sohn Wenceslaus, so gerne getruncken haben[60], unnd den Heinricus Stephanus[61] mit folgendem Lobspruch geehret hat:

---

[57] Dilich, Wilhelm: Topograph und Festungsbauingenieur, * um 1571 Wabern (Hessen), † Anfang April 1655 Dresden.

[58] "Vid. Pirckheimerus & Althamerus in commenatr. in Tac."

[59] Heinrich Rantzau, auch: Heinrich Ranzow (* 11. März 1526 auf der Steinburg; † 31. Dezember 1598 auf Schloss Breitenburg) war ein bedeutender Vertreter der Renaissance und des Humanismus im deutsch-dänischen Bereich.

[60] "Vid. Aen. Sylvius paralleloi. Alfons l.2 cap.16 in laudatione Bacchara."

[61] Henri (II.) Estienne (* 1531 in Paris; † 1598 in Lyon), auch Henricus Stephanus, war ein protestantischer französischer Buchdrucker und Philologe, ebenso ein Vertreter der humanistischen Bewegung.

Hæc mihi pocula sint: contemnam Gallica quotquot,
Græcia quotquot habet, quæcunque dat Itala tellus.
Nec sitiam varios, mihi quos lautissima Roma
Sæpe ministravit latices: me judice quamvis
Romane Bacchi sint maxima gloria mensæ.
Nam varia ob varios passim celebrantur honores
Vina, sibi propriam poscentia singula laudem.
At tua cunctorum cumulata videmus honore
Cunctorumque simul titulos laudesque mereri.
Bacchi igitur merito tribuit tibi nomen ab ara
Bachara, quicunque est primus sibi nominis autor.
<468>

Leodius[62] vermeint, daß die Römer alda an dem orth des Bergs, wo S. Wernheri, den die Juden wie obgemelt, umbgebracht, Kirchen stehet, einen Altar auffgerichtet unnd solchen Bacchi aram genant haben, davon hernach disem orth der Name kommen, aber vielerwenter Freherus[63] meldet, daß da ein grosser viereckichter Stein, nahent dem Gestade, wie ein Altar, in dem Rhein seye, den sie daher Elterstein nennen, welchen man im Sommer, wann es heiß, und der Rhein klein ist, bißweilen sehen könne, so dann ein reiches unnd zeitliches gutes Lesen bedeute: unnd daß die Alten, auß Heidnischer weise, wann diß geschehen, auff solchen Stein gestiegen, und da dem Baccho geopffert haben: daher solcher Stein Bacchi ara genant worden: wie dann die Alten[64] auch solche herfürraichende Stein aras geheissen haben, wie Scaliger beweiset. Jetzt gehört dieser orth zur Untern Pfaltz, als an welche derselbe Anno 1189 vom Stifft Cöln kommen, wie Irenicus schreibet. Freherus[65] sagt, daß Bacharach sampt dem Castel Stalecke daselbst, Anno 1190 Pfaltzgraff Conraden Sitz gewist seye.

---

[62] Hubert Thomas, nach der Herkunft aus Lüttich auch Leodius (* 1495 zu Lüttich; † 1555/1556), war ein kurpfälzischer Geheimsekretär und frühneuzeitlicher Historiker: "de origin. Palatinor."
[63] "part. 2 Origin., c.18."
[64] "Auson. lect. 2.6.22."
[65] "part. 1, c.3."

Das lange 19. Jahrhundert

Es folgen mehrere Auszüge aus den Reiseberichten vom Rhein[66], um 1800

Der Weinbau und seine Nachteile[67]

In diesem engeren, öderen Theile des Rheinthals herrscht ein auffallender Mangel an Industrie. Der Boden ist den Einwohnern allerdings nicht günstig, da er sie auf den <14> Anbau eines einzigen, noch dazu so ungewissen Produktes, wie der Wein, einschränkt. Aber auch in ergiebigeren Gegenden bleibt der Weinbauer ein ärgerliches Beispiel von Indolenz und daraus entspringender Verderbtheit des moralischen Charakters. Der Weinbau beschäftigt ihn nur wenige Tage im Jahr auf eine anstrengende Art; bei dem Jäten, dem Beschneiden der Reben u. s. w. gewöhnt er sich an den Müßiggang, und innerhalb seiner Wände treibt er selten ein Gewerbe, welches ihm ein sicheres Brodt gewähren könnte. Sechs Jahre behilft er sich kümmerlich, oder anticipirt den Kaufpreis der endlich zu hoffenden glücklichen Weinlese, die gewöhnlich doch alle sieben oder acht Jahre einmal zu gerathen pflegt; und ist nun der Wein endlich trinkbar und in Menge vorhanden, so schwelgt er eine Zeitlang von dem Gewinne, der ihm nach Abzug der erhaltenen <15> Vorschüsse übrig bleibt, und ist im folgenden Jahr ein Bettler, wie vorher.

Der Wein und die Rheinländer[68]

Nirgends aber fällt diese Verschiedenheit wohl so sehr auf, als wenn man von Nordostteutschland nach der mittlern Rheingegend kommt. Dort sieht man die Menschen grösstentheils dik, <189> aufgedunsen, unbehänd, schläfrig, geistlos und oft auch wohl kraftlos: hier erblikt man sie dagegen mehr hager, munter, lebhaft, feurig, sinnreich, thätig und, wie man in diesen Gegenden gewöhnlich zu sagen pflegt, jovialisch. Ja, wird man sagen, dieser

[66] Siehe https://www.floerken.de/reise/index.htm .

[67] (Forster, 1791, S. 14 f).

[68] (Wakkerbart, 1794, S. 189 f).

Unterschied kommt nicht vom Klima, sondern vom Weine her, den die Einwohner der Rheingegend vor jenen voraus haben. Ganz richtig! ein grosser Theil dieser Verschiedenheit kommt allerdings vom Weine her. Allein rührt der Weinwuchs nicht von der Begünstigung des Klima her? Man mag in Nordteutschland immerhin Weinberge anlegen: die Weinreben werden wohl einige Früchte tragen: aber sie werden dieselben weder so gut tragen, noch wird jemals im Norden der Wein so allgemein werden als im Süden, wofern man nicht das <190> Erdreich und die Luft umschaffen kann. Daher werden die Bewohner des Rheins, durch ihren Wein gestärkt, so lange heiter und fröhlich, und die Bewohner des Nordens bei ihrem Biere so lange schwerfällig und träge bleiben, bis sich die Luft, das Klima und überhaupt die Erdpole verändern.

Merkwürdig ist ein anderer Umstand, der jedem sehr leicht in der Gegend um Mainz in die Augen fällt. Selten reist man einige Meilen durch Teutschland, wo man nicht blonde, weisse, oder rothe Haare zu Gesichte bekommt. Dies ist noch ein Zeichen alter, ächter teutscher Abkunft: denn unser erster Geschichtschreiber, Tacitus, schildert unsere Vorfahren grade mit solchen Haaren. Um Mainz herum findet man aber dies gar nicht. Hier erblikt man lauter schwarze und dunkelbraune Haare. Dies scheint <191> mir wenigstens ein wahres Kennzeichen zu seyn, dass die ganzen Bewohner dieser Gegend von den tapfern Römern abstammen müssen, die hier ihre Lager aufgeschlagen hatten, hier lange Zeit standen, und solche dunkle Haare hatten. Die Haare arten zwar auch, so wie alle andern Dinge des Erdbodens, nach und nach aus: aber es scheint mir, nebst der Sprache, doch immer noch eins der besten Merkmale zu seyn, um die Abstammung einer Nation von der andern zu errathen, besonders wenn sie in der Lebensart ziemlich übereinstimmen, wie dies mit den Rheinbewohnern und den alten Römern in vieler Rüksicht der Fall ist.

GRÄSSLICHE PRIESTER IN DER EIFEL[69]

Die Hauptursache der Finsterniss in diesem Lande - Eifel - liegt gewiss in dem Zustande der Geistlichkeit. Da findest Du auch keinen Mann, der sich von den gröbsten Vorurtheilen losgemacht hätte. Ich habe mir das

[69] (Becker, 1799, S. 332 ff).

Vergnügen nicht versagen können, einigen Kanzelhanswurstiaden beizuwohnen, die von dem Pastor in Kellberg während meines Aufenthaltes aufgeführt wurden. Wahrlich, abgeschmackteres kann man nichts hören, als eine <333> Predigt aus einem solchen Munde! Und doch gilt dieser Mann noch bei den übrigen für aufgeklärt! An den hohen Festtagen des Jahres sieht man die Seelenhirten in den Hauptkirchen sich versammeln; Leute, mit ungeschornem Kinn, ungekämmten Haaren, zolllangen Nägeln, durchlöcherten ungebürsteten Hüten, abgeschabten Röcken von ungewisser Farbe, von Wein und Branntwein glühenden Gesichtern. Wo sie hinkommen, werden sie mit Ehrfurcht und Hundesdemuth von den Bauern empfangen; die Kinder laufen ihnen entgegen und küssen ihnen die ungewaschenen Hände. Der arme Hausvater holt seine letzten neun Albus aus dem bestäubten Schranke, und giebt sie ihnen – für eine Messe. Die Mädchen öffnen ihnen die für den wackern Jüngling verschlossenen Busen, und lassen sich unmittelbar darauf die Absolution von ihnen ertheilen. Ein unschuldiges Mädchen verführen, ehrliche Hausmütter in der ehelichen Treue wanken machen, das sind gewöhnliche Sünden dieser Diener der Kirche. »Thut es doch auch der heilige Vater zu Rom«, antwortete mir Einer <334> von ihnen, den ich darüber zur Rede stellte. – Am Studiertische findet man keinen dieser Bonzen. In ihren Bücherschränken haben sie nichts als den lustigen Pater Abraham a Sancta Clara, und die Legenden des Paters Martin von Kochem. Dagegen verstehen sie sehr gut, Pferde abzurichten, Schweine zu treiben, Kartoffeln zu graben und Karten zu spielen.

Der Wein in Hochheim[70]

Gegen Abend ging ich nach Hochheim. Meine Freunde waren schon da. Dieser Ort würde in <9> andern Ländern eine Stadt heissen. Hier nennt man ihn einen Flecken, das heisst, einen Ort, der etwas mehr als ein Dorf ist. Die Häuser sind alle wohl gebaut, und reinlich wie ihre Bewohner.

Wir forderten eine Flasche Nektars, Hochheimer Gewächses. Unser Wirth brachte uns einen gewöhnlichen Rheinwein, den man vor dem Kriege in

[70] (Becker, 1799, S. 9).

Mainz mit 50 Kr[euzer] bezahlte. Er war höchst mittelmässig, wiewohl auf diesen Hügeln gewachsen, und auf Hochheim's Keltern gereift.

Die Lage des Berges bestimmt die Güte des Weines. In einer Entfernung von einigen hundert Schritten findet man das beste und schlechteste Gewächs. Jenes gehört größtentheils dem Domkapitel, und findet sich nur in seinen Kellern und an den Höfen fremder Fürsten unverfälscht. Wer von den Einwohnern von diesem Nektar erntet, hat mehr Vortheil, wenn er ihn im Ganzen verkauft, als im Orte selbst an seine Gäste ausschenkt.

Eine Gesellschaft neufränkischer Musikanten mit einigen Offiziers, die sich zu uns gesellten, verherrlichten das Fest des Rebengottes, das wir hier feierten. Das göttliche Marseiller Lied [=die Marseillaise] gab unsern Herzen den Schwung, der uns zu dem Eintritte in die Republik würdig machte. Ein kleiner Ball von den Mädchen des Dorfs, die in der That verdienten <10> Republikanerinnen zu sein, aufgeführt, begann noch spät in der Nacht, und erst als die Sonne in den östlichen Gebirgen sich zu zeigen begann, schwärmten wir wie Bachanten von der Höhe in das Thal, wo sich der Main mit dem Rheine vermählt und sangen die herrliche Strofe nach der Melodie des Rheinwein-Lieds :

Am Rhein, am Rhein, da rufen edle Brüder;

:: Die Freiheit lebet noch ::

Herab den Flor, und füllt den Becher wieder,

:: Sie lebe lang und hoch! ::

Die Kölner Universität rückständig[71]

Dieser Mönchsgeist der Universität, wie der Steckgeist der bürgerlichen Verfassung, hat sich unverändert in seiner ganzen Finsterniß und Unbehülflichkeit erhalten, und wenn man ein altes Nest der Dummheit und Verfinsterung zeigen wollte, so wieß man nur auf Kölln. Alles Freie und Feine war auf ewig aus ihren Mauern ausgeschlossen und, wenn es nur aufdukte, augenblicklich unterdrückt. Als alle ihre katholischen Schwestern rund umher wenigstens

[71] (Arndt, 1804, S. 352 f).

etwas fortgingen mit dem freieren Jahrhundert, ließ sie fein alles bei dem alten Schlendrian, und verfuhr mit Bann und Austreibung gegen alles Freiere und Bessere. Eben dies drückte bisher den Buchhandel und die Buchdruckerei, die hier nie zu ihrem Schwunge kommen konnten, weil alles Fremde auch als etwas Feindliches fern gehalten ward. Jetzt ist diesen freilich der Druck und die Einfuhr alles Möglichen frei gegeben, aber der Geist wird nicht so leicht frei gegeben, als er ein Sklave werden kann. Das Meiste, was hier indessen immer gemacht und gebildet wurde, und wofür die Universität eigentlich da zu seyn schien, sind Mönche und Geistliche; und alle die Dickköpfe und Dickbäuche, die ich nur von Aachen her in Städten und auf dem Laude gesehen habe, sind noch ganz hübsche Gegenstücke zu einem Huttenschen[72] Arnoldus de Thungaris, Johannes Kalb, Jodocus Sartorius und Johannes Krabacius, und sehen ihrer Mutter Kölln in jeder Rücksicht sehr ähnlich. Es ist unglaublich, welch eine Menge Mönche und Schwarzröcke einem bei jedem Schritte aufstößt; ich glaube beinahe, jeder dritte Mann ist ein Geistlicher in Kölln.

PFAFFEN IN KÖLN[73]

Die Zahl der Stifter, der Kirchen, der Mönchs und Nonnenklöster ist selbst für eine Stadt, wie Kölln, unglaublich groß, und dieses fromme Vieh wird hier bis auf den heutigen Tag vom heiligen Eifer der Väter und den milden Händen anderer gottesfürchtiger Seelen gefüttert. Hier ist die Geistlichkeit in ihren vollen Ehren, und selbst die kühne Zeit und der stürmende Geist des Unglaubens hat ihr nichts anhaben können. Wo nur so eine Figur von ferne zu sehen ist, sieht alles still und beugt sich tief mit kahlen Kopf. Ich glaube, man läßt sich hier noch auf alle Mährchen und Possen der Pfaffen und für sie selbst todtschlagen. Ich habe oft zum Spaße eine ganze Hetze schwarzer Seminaristen und Studenten mit ihren dicken Anführern vorbeipassiren lassen; aber ich will des Henkers seyn, wenn es mir nicht war, als sähe ich den Ausschuß von Menschen. Unter Fünfzigen war kaum einer, der eine

[72] Anspielung auf die sog. »Dunkelmännerbriefe«.

[73] (Arndt, 1804, S. 354 f). - Fischenich an Spiegel 1793: Meine Kölner Lehrer haben nur »thomistische Philosophie, nie geläuterte Grundsätze« gelehrt, sie waren eine »ultramontane Heuchlerzunft, Ketzermacher und spanische Inquisitoren« (Teschner, 1967, S. 27).

lebendigere Gestalt und eine freiere Stirn mit einem kühneren Auge zeigte. So was Unedles, Gestaltloses und durchaus mit irdener Schwere der Erde Angehöriges habe ich in keiner andern ächtkatholischen Stadt gesehen, wo doch auch solches junge Vieh oft eben so methodice zur geistlichen Tränke getrieben wird. Es sind fast lauter lange und feiste Bengel, mit starken Knochen und mächtigen Körper, aber ihre Gesichter sind gewöhnlich noch fast länger und ausgespannter, und sehen im zwanzigsten Jahre so aus, als hätten sie alle Kraft des Lebens schon verstritten und alle Freuden genossen. Selbst die Alten haben nichts von der Schlauheit und Spionirung in ihrer Miene, die bei irgend einem klugen Gesichte sich bei der geistlichen Würde so leicht einnistet, und selbst protestantischen Geistlichen noch anhängt, wofern sie nicht sehr edle, oder auch sehr kräftige Menschen sind.

O es giebt doch nichts hässlicheres der ganzen Welt für den Menschen, als ein Mensch, der eiskalt, ohne Gefühl und Geist, nur wie ein Automat <355> erscheint und dessen Gesicht nichts weiter sagt, als: ich kann essen und schlafen. Man kann sich wirklich kaum dickhäutigere Stiere denken, noch plumpere Gestalten, als diese Ausspender des Heils. Ich habe sie doch, wie gesagt, bei Hunderten wandeln sehen, habe sie in Kirchen, auf den Straßen, auf der Reise beobachtet, aber wenn mir ein einziger aufgefallen ist, der Zorn und Kraft in seinem Gesichte und seiner Stellung trug, will ich ewig in Lügner seyn. Langsam schleppen die alten Butterfaßbeine die dicken Bäuche fort, um welche sich ihnen auch die ganze Welt zu koncentriren scheint, und die um die Ohren lang herabhängenden Lichtspießhaare zu den langen Gesichtern, und die Art sich zu kleiden, giebt ihnen ganz die Physiognomie und den Anstand eines spulenden Webers, welcher Jakob Böhmens Himmelreiche mit den Luft und Lichtengelein durchfliegt. Doch ich sollte milder von ihnen urtheilen; etwas Gefühllosigkeit mag ihnen bald zu einer lieben und himmlischen Gabe werden, wenn vielleicht die meisten werden zum Spaten und Ruder, oder zu etwas andern greifen müsse, um nur zu leben.

Die armen Winzer von Asmannshausen[74]

Asmannshausen, das erste Dorf auf dem rechten Ufer, von Rüdesheim aus, ist ein elendes Nest, voll schmutziger Hütten und Menschen, die hier im

[74] (Klebe, 1801, S. 43 f).

Schweiße ihres Angesichts den berühmten rothen Wein bauen. Nicht sie, sondern die Reichen und Vornehmen, sind hier, wie im Rheingau überhaupt, die Besitzer dieser einträglichen Berge; den Einwohnern gehört nur Spaten und Hacke, womit sie mühselig den Boden aufwühlen, von dem sie keinen Gewinn ziehen.

Der bessere Wein, der hier gewonnen wird, ist das Produckt der erst im 12. Jahrhunderte in Rheingau angefangenen Pflanzung der fränkischen Reben, die man hier beibehielt, als man nach zwei Jahrhunderten sie am ganzen übrigen Rhein wieder ausrottete. Nur hier zu <44> Lorrich und Caub setzte man ihren Anbau mit glücklichem Erfolge fort.

UNDANKBARE GODESBERGER[75]

Der Weg nach Bonn und von da nach Cölln führt vor diesen Brunnengebäuden [in Godesberg] in einer kleinen Entfernung vorüber. Er ist gut unterhalten, und war ehemals mit einer schönen Allee von Lindenbäumen – an der Zahl 3.537 – besetzt, die aber während dieses Krieges von den Franzosen, und wie man sagt, noch <302> mehr von den Bauern umgehauen wurden, welche den Schatten, den sie ein paar Stunden des Tages auf ihre daneben liegenden Aecker warfen, nicht leiden wollten, ob ihnen gleich der Kurfürst den Acker, so weit er beschattet wurde, für baares Geld abgekauft und dann wieder geschenkt hatte, damit sie nur die Bäume stehen lassen sollten, die diesen Weg verschönerten, und den Reisenden und selbst den Bauern sehr willkommen seyn mußten, die diesen Weg kamen. – Diese Undankbarkeit und niedrige Habsucht, dieser gänzliche Mangel an Gefühl für das Schöne, und nützliche Anstalten charakterisirt hinlänglich das Volk, das diese Gegend bewohnt. Seine Sprache, seine Unwissenheit, sein Aberglaube und Fanatismus macht es dem köllnischen Volke sehr ähnlich, und jedem Reisenden widerlich.

---

[75] (Klebe, 1801, S. 301 f).

Der Düsseldorfer an sich[76]

Ich kenne keine kleine Stadt von diesem Umfange, wo ein Fremder sich so angenehm unterhalten könnte, als hier. Zwar hat ihr Wohlstand durch den Krieg unendlich viel verloren. Reiche und Arme haben 7 Jahre lang unaufhörlich Soldaten ernährt, und Contributionen und Requisitionen in unglaublichen Summen bezahlt, und alles gelitten, was man im Kriege leiden kann; aber dies alles hat die Jovialität der Einwohner, die Lust an Tanz und Spiel und Sang nicht unterdrücken können. Sie ergreifen jede Gelegenheit, die sich zur Freude findet, und vergessen gern die Armuth, die einen großen Theil drückt, auf Spaziergängen, auf Lustparthieen und in den Tanzsälen. Man sieht hier immer eine große Anzahl schöner weiblicher Figuren, die man nach ihrer Kleidung und Haltung gallischen Ursprung halten müßte, wenn nicht das Teutsche, welches sie freilich nicht im bessern Dialekt reden, mich überzeugte, daß sie meine Landsmänninnen wären. Die in den übrigen Städten des Bergischen wohnenden Frauenzimmer haben sich diesen Pli noch nicht ganz zu eigen machen können, weshalb auch eine gewisse Kälte zwischen beiden Parthieen bemerkbar ist. <439>

Frauen und Dirnen in Mainz[77]

Das schöne Geschlecht, das man an diesen Orten in Mainz sieht, ist wirklich sehr reizend, und hat hier unter allen Städten am Rhein am meisten jene französische Haltung – *tournure* – angenommen, die dem Deutschen an den Französinnen so wohl gefällt. Trotz einer Pariserin weiß die neue Republikanerin das lange Schleppkleid seitwärts aufzuheben, und das wohlgeformte Füßchen mit der runden Wade vom reinlichen seidenen Strumpfe glatt bedeckt, anlockend genug zu zeigen. Daß ihr die Sprache ihres neuen Vaterlandes geläufig sey, versteht sich von selbst; man findet, daß die Frauenzimmer im Ganzen genommen, das Französische weit besser sprechen, als die Männer. Auch an Belesenheit fehlt es ihnen nicht. Es existiren hier einige Lesebibliotheken, von denen eine sogar im Besitz eines Juden ist. Ohnerachtet die schönen Leserinnen von ihrem teutschen Vaterlande abgerissen sind,

---

[76] (Klebe, 1801, S. 438 f).

[77] (Klebe, 1801, S. 242 f).

und teutsche Bücher pfundweise an der Douane verzollt werden müssen, so schätzen sie dennoch die Meisterwerke desselben. Der unvergleichliche <243> »Rinaldo Rinaldini« des Hrn. Vulpius[78], geistreichen Andenkens, dessen großer Teufel Glorioso, Cramers unsterbliche Schriften, »Elisa, oder das Weib, wie es seyn sollte«[79], — aber dem Himmel sey Dank nicht ist! — und viele andere Werke: wie sie seyn sollten, existiren in diesen Bildungsanstalten des menschlichen Geistes drei- und viermal, und vergeblich fragt doch die Schöne mehrere Tage nach ihnen.

Wenn die bessere Classe des weiblichen Geschlechts hier so tugendhaft ist, als an jedem andern Orte, so ist aber auf der andern Seite keine Stadt am Rhein, in welcher der *Venus Vulgivaga*[80] auf so vielen Altären geopfert wurde, als hier. Zu diesem Sittenverderbniß, das am ganzen Rhein verbreitet ist, legten die Emigranten den Grund, die Germaniens Töchter verführten, und seitdem haben die Ausschweifungen hier so zugenommen, daß man hier mehrere hundert Freudenmädchen von allen Klassen zählt. Sie sind aus allen Gegenden Teutschlands und Frankreichs, und bezahlen, wie man sagt, ihre Sicherheit bei diesem Gewerbe mit einem jährlichen Patentgeld von 6 Franken, wo sie denn von allen weitern Verfolgungen der Polizei befreit sind.

Ein Fremder, der nicht weit gereist ist, kann sich sehr täuschen, wenn er <244> dort jene schöne in Seide gekleidete Dame, die in der ersten Loge im Theater sitzt, und mit allen Manieren der vornehmen Welt um sich schaut, für etwas anders, als eine Dirne hält, die ihm diesen Abend noch für 6 oder 12 Franken zu Dienste steht. Stufenweise gehen dann diese Creaturen herunter bis zu denen, die sich in Casernen und Bierhäusern mit Hussaren und Grenadieren herumwälzen. Das zahlreiche Militair und der in jedem Franzosen so lebhafte Trieb mit Weibern umzugehen, erhalten die kümmerliche Existenz dieser elenden Geschöpfe. Kürzlich hat die große Anzahl

---

[78] Rinaldo Rinaldini ist eine literarische Figur aus Christian August Vulpius' Roman Rinaldo Rinaldini, der Räuberhauptmann, der 1799 in Leipzig in drei Bänden erschien und bis in die Gegenwart zahlreiche Neuauflagen erlebte. Er gilt als der erfolgreichste deutsche Räuberroman des 19. Jahrhunderts.

[79] Wobeser, Wilhelmine Karoline von: Elisa oder das Weib wie es seyn sollte, Leipzig : bey Heinrich Gräff 1799.

[80] *Venus vulgivaga* ist ein herabsetzender Beiname für Venus, die griechische Göttin der Liebe, der so viel bedeutet wie »die herumschweifende Venus« und wird auch als Begriff für Dirnen, Freudenmädchen, Prostituierte, die »Holden des schönen Geschlechts«, etc. verwendet.

venerischer Kranken bei der Garnison eine allgemeine Jagd auf diese Mädchen veranlaßt, deren man eine Anzahl arretirt und deportirt hat.

Der Johannisberg[81]

Das Schloß Johannisberg liegt voll hoher Majestät auf dem sich zurückziehenden Gebirgsgipfel und überhaupt die an Schönheiten so reiche Gegend. Zu seinen Füßen liegen das Dorf Johannisberg, die Klause und das Rittergut Vollraz, und ihm gegenüber im Rhein die Lorenzaue. Man erblickt von dieser bezaubernden Höhe den Lauf des Rheins von Biberich bis Bingen herab. In einem lieblichen Gemisch liegen hier unter meinen Füßen Städte, Flecken und Dörfer, Wiesen, Weingärten und Felder voll üppiger Vegetation. Am genußvollsten ist dieser Anblick Abends, wenn <23> die Sonne untergeht und ihre letzten Strahlen die Gegend in einem rosenfarbenen Schimmer zeigen und die Fluten des Rheins röthen.

Die Probstei Johannisberg gehört bekanntlich dem Fürstbischof von Fulda, der sie in alten Zeiten von dem Reichspfennigmeister Hubert von Bleimann, an dem sie von dem Erzbischof Anselm Casimir verpfändet war, erkaufte. In neuern Zeiten ist das Gebäude des Schlosses und der Kirche modern wieder aufgebaut worden, nachdem es im dreißigjährigen Kriege von Albert von Brandenburg geschleift und von den Schweden noch vollends ruinirt worden war. Das Schicksal, verwüstet zu werden, hat es denn auch in diesem Kriege gehabt. Die Soldaten haben die reinlichen Zimmer in Wachstuben verwandelt und verunreinigt. Cüstine[82] leerte im Jahr 1792 zuerst die fürstlichen Keller, und seitdem haben die Franzosen jährlich wenigstens ein oder zweimal ihre Besuche in demselben abgestattet, den Wein getrunken und mitgenommen, so daß der Fürst während desselben nur den geringern Theil davon erhalten hat.

Der Wein, der hier an dem Abhange des Johannisberges wachst, ist mir wegen seines Feuers der liebste am Rhein, und weil ich weiß, daß er unvermischt [mit] jedem andern bleibt, wie ihn <24> die Natur hervorbrachte. Auf einem Distrikt von ungefähr 120 Morgen gewinnt man jährlich ohngefähr

---

[81] (Klebe, 1801, S. 23 f).

[82] d.i. General Custine.

100 Fuder. Ein Stückfaß davon wird nach einigen Jahren mit 3 bis 4.000 xxxx. bezahlt. Die Mühe und der Fleiß, mit welchem man hier den Weinstock abwartet, ist ausserordentlich. Aber eine Hauptursache seiner Güte liegt darin, daß man die Trauben im Herbst wenigstens 14 Tage später erndtet, als im übrigen Rheingau. Was man dadurch an Quantität verliert, gewinnt man an der Qualität, weil das längere Hängen und die Kälte der Herbstnächte den Trauben viel von dem Wässerichen entziehen. Der beste Wein wächst über dem großen geräumigen Keller, der sich weit in die Höhlung des Berges ausdehnt. Er ist jetzt größtentheils leer, weil man sogleich nach der Erndte ihn nach Fulda zu führen pflegt, um keine ungebetenen Gäste dazu zu finden. Man zeigt in demselben ein Beispiel von Infamie und Bosheit, das man nicht ohne Abscheu sieht. Die Franzosen, welche der Abtei Johannisberg bei ihrem Vorrücken unter Hoche im Jahre 1797 eine Contribution von 300.000 Liv[res] auferlegt hatten, die nicht sogleich bezahlt werden konnten, wollte[n] selbst die Natur verhindern, künftig diesen Labetrank für Gesunde und Kranke hervorzubringen. Sie erfuhren, daß auf dem Keller der beste Wein wachse und machten deshalb Anstalten, ihn und die Gebäude überhaupt in die Luft zu <25> sprengen. Man sieht die Spuren ihrer Minirarbeiter noch in demselben. Die Vorstellungen des Domprobstes von Bibra aus Fulda, der sich deshalb ins Hauptquartier des Generals Lefebre begab, verhinderte endlich die Ausführung dieses unsinnigen und boshaften Anschlages, und die Contribution ward in der Folge bezahlt. Wie man in der Frankfurter Zeitung liest, hat vor kurzem der Fürst dem General Augereau einige Fässer dieses kostbaren Weins zum Geschenk gemacht, der denn seinerseits wieder an Buonaparte eins davon gesandt hat.

DAS HOCHWASSSER AN DER AHR 1804[83]

Linz gegenüber ergiesst sich die Aar [=Ahr] in den Rhein. Dieser kleine Fluss entspringt in den Wildnissen der Eifel, und seine Ufer sind zum Theil mit köstlichen Reben angepflanzt. Im Frühling tritt er oft furchtbar aus seinem Bette, und reisst Bäume und Brücken und Häuser mit sich fort. Noch zittern die Anwohner bei der Erinnerung an das Jahr 1804, wo er von einem Gewitterregen angeschwollen – die ganze Gegend verwüstete. Die beiden Ufer bis

---

[83] (Schreiber, Mahlerische Ansichten des Rheins von Mainz bis Düsseldorf, 1806, S. 17).

zum Rheine waren ein tobendes Meer. Die Brücken mit ihren Pfeilern, Mühlen, Fabriken, ganze Dörfer wurden weggespült von dem schrecklichen Orkan; das Feld und die Weinhügel waren eine Wüste. Der edelsinnige Präfekt des Rhein und Moseldepartements, Chaban, nahm sich der verunglückten mit einem Eifer an, den der schönste Erfolg krönte. Von allen Seiten kamen reiche Beiträge, und bald waren die Wohnungen wieder aufgebaut, die Felder wieder gereinigt, und der junge Weinstock grünte wieder auf den Hügeln. <18>

Guter, ächter Rheinwein[84]

Der Rheinwein füllt sich, so wie jeder andre, am besten in Fässer, worauf ein guter Wein gelegen, der einen guten Weinstein angesetzt hat. In neuen Fässern gewinnt der Most einen sanftern lieblichem Geschmack, in alten aber mehr Stärke und Feuer, indem das neue Holz, bei der Gährung des Weins, viel von dem Schwefelsalz und den öhlichten Theilen desselben einsaugt, was in Fässern, worin sich Weinstein angesetzt hat, nicht geschieht. In kleinen Fässern wird der Wein angenehmer, zarter und früher trinkbar, in grossen aber stärker und kräftiger, und zehrt auch weit weniger, als in kleinen.

Die Kennzeichen eines ächten, gesunden Rheinweins sind: <76>

1. Er muss einen lieblichen Geschmack haben;
2. sich in einem reinen Glase hell und klar zeigen.
3. Beim Einschenken muss man ein rauschendes Säuseln hören, und der Wein muss mit vielen kleinen Perlen aufspringen.
4. Beim schnellen Einschenken muss sich mitten im Glase ein kleiner Schaum mit kleinen Bläschen bilden, aber schnell wieder verschwinden. Wenn der Schaum sich langsam ansetzt, und auch langsam wieder vergeht, so ist Künstelei zu vermuthen.

Der Wein von Hochheim[85]

[84] (Schreiber, Mahlerische Ansichten des Rheins von Mainz bis Düsseldorf, 1806, S. 75 f).
[85] (Schreiber, Mahlerische Ansichten des Rheins von Mainz bis Düsseldorf, 1806, S. 6 f).

Der Wein um Hochheim gehört schon zu den vorzüglichsten des Rheins, und sieht an Geist und Würze kaum dem Johannesberger nach. Den Ertrag sämmtlicher Rebhügel um Hochheim kann man – ein Jahr um das andere – auf zweihundert StückFässer berechnen. Die Blume dieses Weins wächst auf einem – sonst dem jedesmaligen Mainzer Domdechant gehörigen – Hügel von ohngefähr acht Morgen. Jeder Morgen trägt vier tausend Stöcke, und jeder Stock wird auf einen Dukaten geschätzt, so dass der Preis eines Morgens sich auf viertausend <7> Dukaten belaufen würde. Denselben Preis nimmt man auch für die bessern Lagen um Johannesberg und Rüdesheim an. Dahingegen trägt dieser vormals Domdechantische Weinberg auch, im Durchschnitte, jährlich sechs StückFässer Weins, und ein StückFass – sieben und eine halbe Ohm – wurde schon oft von der Kelter um zwölfhundert Gulden und darüber verkauft.

Die Hochheimer Blume verdankt ihre Vorzüge theils der Lage des Weinbergs, welcher den ganzen Tag über der Sonne geniesst, und den Mauern, durch welche der Stock gegen die Nordwinde geschützt ist, theils der düngenden Bewässerung eines aus der Stadt dahin abgeleiteten Bachs, und dann auch der ausgezeichneten Sorgfalt in Rücksicht des Anbaus. Die Stöcke sind in regelmässigen Reihen und in zweckmässiger Entfernung – einer von dem andern – gepflanzt. Gemüse und Obstbäume, die das Mark der übrigen Weinberge aussaugen, werden hier nicht geduldet. Der Berg ist mit hölzernen Röhren unterlegt, und dadurch wird die überflüssige Feuchtigkeit in nassen Jahren abgeleitet. Die Unterlage des Bodens besteht aus Kohlenschichten, die mit Thon und Mergel bedeckt sind, und auf diesen hat der Kunstfleiss des Menschen dem Weinstocke sein üppiges Beet bereitet.

DIE ARMEN WINZER VON GOARSHAUSEN[86]

Handel und Gewerbe machen die Einwohner von Sankt Goar wohlhabend; anders ist es mit dem dieser Stadt gegenüber liegenden Dörfchen Sankt Goarshausen. Mit wahrem Schmerz erfuhr ich heute, daß die Lampen, deren Schein mich gestern erfreute, nur das Elend und den Jammer der ärmsten Menschen in dieser ganzen Gegend beleuchten. Sie haben zu ihrer Erhaltung nichts als den Wein, welchen sie mit unsäglicher Mühe auf den sie eng

[86] (Schopenhauer, 1818, S. 238 f).

umschließenden Bergen bauen, und dieser ist seit einigen Jahren völlig mißrathen. Um nun für den Augenblick Brod zu erhalten, sahen sie sich gezwungen, den Ertrag künftiger Aerndten auf mehrere Jahre hinaus für <239> wenige Gulden an unbarmherzige Wucherer zu verkaufen. Diese durchziehen hier immer das Land, auf solche Spekulazionen bedacht, und werden reich dabei, während die Armen verhungern. Selbst Gottes reichster Segen in kommenden Jahren kann diesen Unglücklichen kaum mehr helfen, weil sie in die Hände von Menschen gefallen sind, die weder Recht noch Erbarmen kennen.

1689 »Bonnisches Belagerungs-Journal«, Auszug[87]

Die zweite, die schlimme Belagerung

Bonnisches Belagerungs-Journal, | Oder | AUSFUEHRLICHER BERICHT | Was taeglich bey der denckwuerdigen be- | lagerung der Chur-Coellnischen | Residentz- Stadt | BONN | Unterm Ober-Commando | S[eine]r Churfuerstl[ichen] Durchl[aucht] von | Brandenburg und anderer hohen | Alliirten vorgangen. | Geschehen im Jahr 1689. | Hamburg. [...]

<2>

Die seltzahme Gluecksfaelle der Chur-Coellnis[chen] Residentz-Stadt Bonn sambt einem richtigen Journal derselben juengsten Belagerung und Eroberung.

[Es folgt eine Beschreibung Bonns und der Belagerung von 1673.]

<3>

[...]

---

[87] Fundstelle: Bayerische Staaatsbibliothek, Signatur Germ.g. 225 g#Beibd.16. Die Reproduktion ist sehr ungeschickt angefertigt worden: jede zweite Seite ist mit einem Rotstich und kontrastarm reproduziert, die Seitenränder sind oft abgeschnitten um bis zu drei Buchstaben, eine Seite (zum 16. Juli) ist total verrutscht und unlesbar.

Seithero hat sich die gute Stadt in den letzten Friedens-Zeiten ziemblich wieder erhohlet, biß nach Absterben des Churfuersten zu Coelln der Printz von Fuerstenberg, Bischoff zu Straßburg, es bey dem Capitull dahin dirigirte, daß er 13 Stimmen zur Ertz-Bischoefflichen Wahl bekam, weil aber der Bayrische Printz Clemens laut Paebstl[licher] Dispensation mit seinen 9 Stimmen rechtmaessig gewehlet worden, zog jener von Fuerstenberg die Frantzoesische Macht an sich und besetzte die Vestungen des Ertz-Stift mit lauter Frantzosen, biß bald hernach Franckreich mit dem groessten Theil der Christenheit ein schweren Krieg anfieng; da giengen Anno 1689 im Frueh-Jahr die Churbrandenburgischen, Hollaendischen und Muensterischen Trouppen vor Rheinberg und als dieser Orth sich ergeben, alsobald vor Kayserswerth. Nachdem man sich dieses Orths gleichfals fodersambst bemaechtiget, rueckete die Armee unter dem Ober-Commando Sr. Churfuerstl. Durchl. zu Brandenburg auch vor Bonn, als worauß sich kurtz vorher mit Madame de [la Marck] nach Franckreich reterirt.

1689 »Die Ertz-Bischofflich Chur-Fuerstliche Residentz-Stadt Bonn«, Auszug[88]

Streit um Bischofswahl

Die | ERTZ-BISCHOFFLICH | Chur-Fuerstliche Residentz-Stadt | BONN | Wie solche hier in Kupfer-Riß vorgebildet zu sehen, mit beygefügter Beschreibung, was derselben Alterthum, Gestalt, Situation oder Lager, auch waß sich zu ein und anderer Zeit Denk- und Meld-würdiges damit begeben und zugetragen; Vornemlich, was massen der Cardinal von Fürstenberg unter schwebender Ertz-Bischofflich-Cöllnischer Wahl-Strittigkeit noch im verwichnen 1688. Jahr Possession in dem kurfürstlichen Pallast daselbst genomm(m)en, Französische Völcker einlogiret, auch andere Gewaltthätigkeiten verübet etc. Nachgehends solche Stadt und Vestung Bonn in diesem 1689. Jahr von

[88] Fundstelle: Staatliche Bibliothek Regensburg/Bayerische Staatsbibliothek, Signatur 999/A.Diss.6566. Dies ist die zweite Hälfte eines Buches, das den Titel hat: „Die Ertz-Bischofflich Churfuerstlich-Welt-berühmte Haupt- und Residentz-Stadt Maintz ..."

Ihro Churfürstlichen Durchleucht zu Brandenburg, auch denen Hohen Alliirten formaliter belägert, so ferner ernstlich bombardirt, beschossen und bereits in einen Steinhauffen verwandelt worden, auch um so wohl von der Land- als Rhein-Seite so eng eingeschlossen wird, daß an deren Eroberung im geringsten nicht mehr zu zweiffeln ist. | Anno: | MaIntz aVCh Bonn VVetstreItten Lang | VVegen Der zVkVnftIgen KrIegsehre![89]

<26>

BOnna, oder Bonn, ein Uhr-alt-berühmte, dem Ertz-Bischoff und Churfürsten zu Cölln zuständig, und dessen Residentz-Stadt liegt auf einer hübschen Ebene, da sich das grosse Rhein-Gebürg, so von Bingen biß auf diese Stadt den Rhein zu beeden Seiten einfasset, wieder von einander theilet. ...

1702 François de Villemont: »Memoire sur la Ville de Bonn«[90]

fait au commencement de l'année 1702.

Bonn est une ville de la baisse Allemagne, que eu quelques auteurs le sont imaginés avoir etée bati par les Troyens apres la ruine de leur ville, mais qui est selon Florus l'ouvrage de Drusus sous le regne d'Auguste.

C'est l'ara ubiorum Julia Bona, ou verona des anciens celebre autrefois par les combats des legions Romaines dont il est parlé dans l'histoire, et depuis par les Sieges qu'elle a souffert.

[89] Ein Chronogramm: M I V C V V I L - V V D V V I I = 1689.

[90] Fundstelle: Landesarchiv NRW, Abt. Rheinland, Bestand Kurköln VII, 63, Blatt 121 ff. Siehe auch (Ennen, 1989, S. 187).

Elle fut deffendue en 1583, par Charles Truch[s]es, frere de Gebhard Archevesque de Cologne en suitte du mariage de ce Prelat avec Agnés de Mansfeldt et remise quelque tems aprés aux Catholiques.

Le Duc de Parme en fit le siege conjoinetement avec les Bavarrois en 1388, et ne la put prendre que par famine.

Le mauvais estat de sa fortiffication la fit rendre en 1673 apres huit jours de Siege.

Elle fut enfin attaqué en 1689 par l'Electeur de Brandenburg, le barron d'Asfeld qui la deffendoit <122> par ordre du Roy [Louis XIV.] pour le Cardinal de Fustemberg s'en esteit faisi apres son election en 1688 capitule aprés un siege de 97 jours et 27 de tranchee ouvert.

Voila en peu des mots l'histoire de Bonn, qui la ville imperialle qu'elle estait autre fois est a pre... sous l'obeissance de l'Electeur de Cologne, et le bien de sa residence ordinaire. [...]

1808 April 30 Belagerung von Bonn im Jahre 1689[91]

Zur Erinnerung

Im Jahre 1689 hatte Bonn im Kriege mit Frankreich die härteste Belagerung auszustehen. Die Franzosen lagen in Bonn, und wehrten sich tapfer. Der Kurfürst von Brandenburg kommandierte die Belagerung, mit Oestreichischen, Brandenburgischen, Holländischen und Münsterschen Truppen. Er foderte Bonn zur Uebergabe auf, und als der französische Commandant abschlägig antwortete, ließ er am 24ten Juli abends Bonn stark beschießen. Die eben aus der Kapuzinerkirche nach Haus gehenden Einwohner hatten Noth, sich durch den Regen von Bomben und Feuerkugeln zu retten. Die erste Bombe fiel in das Hinterhaus des Gudenauer Hofes, und erschlug im dasigen Lazareth 42 Franzosen auf einmal. Binnen 4 Stunden lag die Remigius-

[91] Entnommen aus „Wochenblatt des Bönnischen Bezirks" # 13 vom 30. 04. 1808, Seite 3; Fundstelle: ULB Bonn.

Pfarrkirche, wie auch die Minoriten- und Franziskaner-Kirchen und Kloster in Asche. Gegen 2 Uhr Morgens stand das Kapuziner-Kloster und die Kirche völlig in Flammen, und binnen 24 Stunden Zeit war die ganze Stadt beinahe in eine Stein- und Aschenhaufen verwandelt, so daß es schwer hielt die Straßen zu unterscheiden. Eine Nonne im Kloster Engelthal läutete aus Unbedachtsamkeit gegen allen Gebrauch im Belagerungszeiten die Klocke, das feindliche Geschütz schoß darauf auch diese Kirche in kurzer Zeit zusammen.

Alle Einwohner verkrochen sich in die Keller, aber ungeachtet aller Uebel wollte der französische Commandant sich dennoch nicht ergeben. Der[92] Kurfürst von Brandenburg nahm nun sein Hauptquartier auf den Kreutzberg, und ließ von daselbst, sowie auch aus den zu Kessenich errichteten Batterien die gänzlich ruinierte Stadt abermals beschießen. In der Stadt war Hungersnoth. Die französische Besatzung hatte schon über 800 Pferde geschlachtet und eingesalzen, von welchen jedoch bei 200 Stück als verdorben, in den Garten des jetzigen Hauses Nro. 858 vergraben wurden. Der Kurfürst hatte auf vielfältiges Bitten der elenden Einwohner, die Münster-, Martins-, und Gangolphskirche noch verschont, als er aber vernahm, dass das französische Lazareth und die Mehlmagazine darinn errichtet waren, lagen sie binnen 24 Stunden im Schutt. Die einzige Kapuzinessen Kirche war bei dieser Belagerung stehen geblieben. Sonst können wenige Gebäude ihr Alter über das Jahr 1689 hinaus erweisen. Am 5ten Oktober desselben Jahres räumten endlich die Franzosen die Stadt.

1692 F.X.Trips: Die Franzosen in Honnef 1689

Kriegsgräuel

Ab anno 1688, quo Serenissimus Elector Coloniensis Maximilianus Henricus obiit, Honneff, ab antiquis Honnepe, vulgo Huff, vero autem nomine Honneff dictum, olim gratiosis Dominis de Lewenburg haereditario iure

[92] In der Vorlage: „Den".

debitum, modo, nescio, quo titulo, ad Serenissimos Montium Duces devolutum, plurima per Gallos est perpessum.

In tertia decade praesentis saeculi decimi septimi iam prope perfecti, Batavi huic loco ingentia damna intulerunt, pluresque in vincula abstractos misere afflixerunt, sacellano in ipsa domo pastorali glande traiecto, pluribusque trucidatis, direpta quoque suppellectile ecclesiastica et exustis aliquot hinc inde aedibus, ut de gloria, divitiis, multitudine et facultatibus incolarum plurimum sit imminutum hoc oppidum potius quam pagus, cum antehac plures quam octingentos cives {hoc enim et non alio titulo gaudent}, numeraverit.

Von den 800 Bürgern Honnefs wurden viele von den Niederländern ermordet oder beraubt

Multum quoque ad perditionem momenti contulit deficientia Dominorum haereditariorum et translatio bonorum ac vinearum ad dominos externos, alibi commorantes, unde fit, ut, quae vineae antehac per proprios dominos colebantur, iam vinitoribus pro medietate colendae tradantur. Quis autem ignorat vineas studiosius et maiore cum fructu coli a dominis quam mercennariis? Certe ego absque mendacio asseverare ausim, olim, quando Honneff abundabat possessoribus propriis, annue collecta fuisse mille vasa vini, quae hodiedum vix ad quingenta accedunt. Accedunt exactiones et onera in quemvis annum accrescentia, patria quoque matricula, qua Honneff paulo infra dimmidiam totius satrapiae Lewenburgensis partem tenetur pendere. Quae causa <6> est, quod Honneff sibi dissimile factum, cum antea omnibus locis vicinis esset praeeminendus, iam ad extrema redactum, accedente quoque intestina discordia et praesidum philantia sensim sine sensu et magnis passibus ad interitum et plenam ruinam festinet. Sed ad nostra miserrima et exulceratissima tempora veniamus.

Die Weinberge waren an auswärtige Eigentümer übergegangen, die sich wenig engagierten.

Honneff inter cetera quoque loca fuit, quod sub poena expilationis et incendii Gallorum Bonnensium petitis et mandatis parere compulsum est. Imo trium mensium spatio totidem imperialium millia, si ab igne liberum manere vellet, numerare debuit. Quibus non obstantibus, quamvis omnia ad obolum soluta, quamvis indubitatae assecurationes essent factae, nihilominus contra omnem fidem, contra christianae legis caritatem, sub ementito et falsissimo copiarum Lunaebergensium in defensionem nostri apud nos commorantium, explosorum in Gallos sclopororum aliarumque exercitarum insolentiarum praetextu, postquam Lunaeburgici biduo ante ad suos revocati fuissent, haud dubie per eosdem, quia pecunia Gallica conscriptos, Galli praemoniti numero sexcenti, equites tum pedites, ponte volatili Rhenum summo mane 1689, 24ta Maii, quae erat dies Martis, septimana ante Pentecostes traiciunt, ac primo occlusum et stipatum per rusticos aditum in superiore [Ober-]Cassel furiosi invadunt et post modicam resistentiam occupantes ceu fulmen penetrant omnemque pagum expilant; inde ascendentes eadem rabie per inferius Dollendorf, Königswinter properant in Honneff, ubi infra Röhndorf ad angustissimum transitum trabibus et palis quamoptime munitum, adeo ut plures quam mille hostes hinc arceri possent, cum timerent se repellendos, vicini proditoris ope et opera per montem invenerunt viam aliam angustam quidem, sed tectam et securam, per quam in Röhndorf usque felici passu penetrarunt, quod advertentes rustici, qui centum numero ad transitum vigilabant, omnes ad unum <7> diffugerunt. Galli vero primo Röhndorf, deinde Rahmersdorf, Bewel et Honneff sive Mülheim cum templo integre spoliarunt.

Am 24. Mai 1689 landen französische Truppen zuerst in Oberkassel und dringen dann bis Honnef vor, wobei ein Verräter ihnen den Weg durch die berge zeigt.

Ego, qui anno 1673 Turennii exercitum ad 22 millia per Honneff transeuntem praesentia mea permoveram, ne aut aedibus aut ecclesiae vel minimum nocerent, eadem fiducia fretus, inter omnes profugos solus cum sacellano meo D. Cornelio Verlaeen mansi in aedibus meis, sperans futurum ut reverentia sacerdotii ducti, saltem mihi parcerent, aut certe inter depraedandum mitius agerent. Neutrum praestiterunt. Sacellanus, videns quod brachio me in domum attraherent, clam, quia statura plus debito pusillus erat, furori eorum se subduxit. Me vero tauri pingues et vituli multi circumdantes, nullo pudoris aut verecundiae aut sacerdotii habito respectu, ubique per omnia corporis loca strictim scrutabantur, ut, quot haberem peras, tot in iisdem reperirem manus. Sed haec nulla. Scurriliter cum ipso indusio denudatum pugnis in faciem impactis exceperunt, fistulas aeneas oneratas et pectori admotas intentarunt, in terram coniectum crinibus traxerunt, pedibus conculcarunt. Imo unus, quod horreo referre, pugione stricto in me nudum irruens, dum emasculare me nititur, ab alio, quem facti horror permovebat, ita excipitur, ut in terram prostratus et sclopeto graviter exceptusimo non leviter saucius abierit. Quae graviora et horrenda magis in me commiserint, studio praetermitto, ne honestas aures vulnerem. Idem ille, qui me e manibus incarnati huius diaboli eripuit, togam quoque et braccam, sed absque indusio restituit, viamque ostendit, qua effugere possem. Dum fugio, in me duo vel tres eiaculantur. Conservavit me divina bonitas, ut per hortum liber evaderem, inde in segetem satis altam irrumpens, toties lassus et livens procubui, ad mortem, si unquam resignatissimus. Dum ego fugio, omnia mea diripiuntur: quorum iactura etsi peracerba mihi sit, maxime tamen indoleo preciosis libris rarisque <8> admodum instrumentis mathematicis, globis, tubis opticis, quadrantibus, sphaeris, horologiis, mappis, quorum omnium ingens mihi suppetebat copia . . .

Ich wurde gefangen genommen, durchsucht und verprügelt, konnte zuletzt entkommen.

Ecclesia parochialis una cum turri et tecto, cum domo parochiali et sacellani, flammis periit, nulla harum a Gallis, sed per scintillas vento vehementiore per aera disiectas et floccorum instar volantes, aediumque vicinarum calores extremos, est succensa. Campanarum minima, qua ad sacrum primum pulsatur, sola liquefacta est; duae maiores ruptae, media integra et illaesa permansit. Fornix templi nihil passus, nisi ex latere Sigeburgensi pars seu costa una, baptisterio incumbens, quae corruit vitio dominorum Sigeburgensium, qui ceu deciinatores cum teneantur ad conservationem istius tecti, ab aliquot annis {quod quovis summum triennio fieri deceret} tegulis cadentibus novas substituere neglexerunt, unde factum ut pluvia, nudatis asseribus illapsa eos processu et tractu temporis adeo patefecerit, ut nec clavi illius retinendi capaces amplius essent. Quare nec mirum videri debet, quod per ignem volantem primo correpti incendium causaverint, quo universum postmodum templi turrisque tectum in cineres abiit.

Die Pfarrkirche wurde in Brand gesteckt, die Glocken – bis auf eine – zerstört oder eingeschmolzen.

Post depraedationem universalem receptui per tympana pulsatum et conflagrationis factum initium. Prima fuit insignis et pulcherrima domus generosi domini Baronis de Franckenberg, satrapae nostri, ad Rheni ripam sita, inde ordine processum ad nautarum aedes ad forum usque. Forum ipsum, die Voast, die Gast, die Berggast, die Lüneßgast, auf Bewel, Corelswinden (?), omnes ad unum in cineres abiere. Aula Sigeburgensis, domus Petri Heck *auf der Straße* muro coemeterii proxima, stabulum Wilhelmi Litz et duae aut tres aedes ad sacellum, domus Dei dictum, quod et ipsum conflagravit, manserunt illaesae. In Selhoff Gallorum furia non pervenit, quod insidias proximi praesidii Lunaeburgici timerent; Ramersdorf quoque vix passum <9> est, uti non Bondorf. Rhondorf tamen ita exustum est, ut vix ulla domus superstes manserit, praeter Heisterianam, *im Thurm* nominatam. Damnum fuit vix pretio aestimabile.

Mehrere Höfe gehen in Flammen auf, ganz Rhöndorf bis auf den Turm.

Maior hominum in cellis haerentium miseria, qui mane e latebris suis subterraneis prodeuntes, mortuorum resurrectionem repraesentabant. Inter cetera quoque perierunt quinque libelli, quibus baptizatos, confirmatos, matrimonio iunctos, defunctos, loci consuetudines, totius anni diarium seu ephemerides, 8 Mathiae sodales et Ecclesiae benefactores, magno labore et studio, successorum meorum commodo inscripseram; nihil enim omnino nec minimae informationis per praedecessorem meum relictae inveni.

Post incendium plures, imo plurimi fuere, qui certatim ligna caederent et silvas integras extraderent ad novarum aedium constructionem. Forum ferme integrum nitori non tantum pristino, sed et maiori redditum. Exsurrexerunt aedes non oppido, sed urbibus dignae. Verbo: domus propria omnibus curae fuit; qui vero de reparanda turri {quod est communitatis}, qui de restaurando templo, cuius praeclarissimus fornix ruinam quotidie minabatur, cogitaret aut sollicitus esse vellet? horum vel de Scabinis vel de Juratis vel de Communitate nullus omnino inveniebatur, potius ceu desperati conservandae ecclesiae curam omnem abiiciebant. Dolebam ob hanc parochianorum inexcusabilem socordiam vehementer, et manum operi cum desiderio applicuissem, sed cum unius hominis industriam excederet tam operosi negotii cogitatio, et ipse ego animo cadere et de prospero successu desperare, coepi. Donec Deus stimulos et animos addidit nobili domino Joanni Stephens, in utraque satrapia Lewenburgensi et Lulstorfia scribae iudicii, qui imminentem ecclesiae certissimam ruinam, ni praeveniatur, considerans, pariterque intolerandae eorum, quorum intererat, negligentiae gravissime succensus, amore Dei et ecclesiae in plurium confusionem, ad nominis sui immortalem <10> gloriam opus gravissimum et omnium indicio vix consummandum, licet in summa pecuniae penuria generose aggreditur, a turri initium sumens, cui extruendae elegit magistrum Joannem Petrum civem Confluentinum, architectum celeberrimum, qui et eandem Confluentiae paratam paulo post, anno 1691 mensis Octobris die 16. forma hac fastigata, quam vides {nam ante humile et obtusum erat tectum} feliciter absque ullo infortunio turri imposuit. Gallus pulchre inauratus, et a Johanne Adamo Pithan Honeffensi tubicine donatus, nominis et cognominis initiales literas corpori incisas praefert. Constitit haec turris, una cum tecto, tegulis et tegularii mercede 380 imperialibus plus minus, ex quibus ego Coloniae 106 in speciebus collegi, reliquam partem varii per patriam Montensem emissi attulerunt quidem, sed domino scribae iudicii tanquam primario operis totius directori residuum postmodum a communitate refundendum, suppeditandum fuit. Eadem promtitudine conventum est cum supradicto magistro Joanne Petro pro impositione tecti templi. Quam gloriam quidam de communitate praedicto domino scribae invidentes, rem pene omnem corrupissent. Dum enim non ecclesiam, sed sub specioso ecclesiae commodo promovendo seipsos et commodum privatum quaerunt, cupiditati illorum cedens dominus scriba manum non imprudenter retraxit, quo factum est, ut, quod per unum caput ad exitum perduci quam optime poterat, per plurium insulsam et damnosam directionem penitus langueret, neque spes ulla tum apparebat reaedificandi tecti, cui nec faber lignarius nec tegularius vel digitum volebat admovere, nisi a communitate operi maturando et promovendo unus designaretur. Quod tandem a viris ex communitate cordatioribus compulsi admittere et dominum iudicii scribam, quamvis ob facti iniquitatem non parum invitum, ad reassumendam fabricae necessariae directionem requirere sunt coacti. Admisit dominus scriba quorundam precibus et <11> instantiis commissionem secundam, et ope, industria ac indefessa vigilantia sua hoc effecit, ut praeter omnium expectationem et ad plurium stuporem anno 1692 in Januario tectum ecclesiae impositum, in Martio asseribus undique munitum, nova quoque in apice chori turricula pro campanula minore ornatum videretur, tegulis iam quoque suis splenderet haec fabrica, nisi diuturna a Decembro in Martium usque protacta hiems et constricta gelu flumina copiosaeque nives operas omnes elusissent. Post Pascha vero, quod hoc anno 1692 in diem 6. Aprilis incidit, operi universo coronidem speramus imponendam.

In der Folgezeit wurde Honnef wieder aufgebaut.

1777 J. Gregory: „Anfangsgründe der Behandlung der Krankheiten überhaupt“, Auszug[93]

[93] Fundstelle: USB Göttingen, http://resolver.sub.uni-goettingen.de/purl?PPN728146142

John Gregory | Oeffentlichen Lehrers der praktischen Artzneykunde zu Edinburg | ANFANGSGRÜNDE der Behandlung der Krankheiten überhaupt, | und der fieberhaften Krankheiten insbesondere. | Aus dem Englischen nach der zweyten verbesserten Ausgabe übersetzt. | Leipzig, | im Verlage der Dyckischen Buchhandlung. | 1777.

<43>

Das Nervenfieber.

74. Bey dem Nervenfieber ist die Hitze nicht viel stärker, als sie es im natürlichen Zustande ist[94]. Der Puls ist klein und schwach, und gehet nicht sonderlich geschwinde. Die Kräfte und der Muth des Patientens sind sehr gesunken, und das ganze Nervensystem in einer großen Unordnung.

75. Es ist schwehr den eigentlichen Anfang dieses Fiebers zu erkennen und zu bestimmen, weil die Zufälle im Anfang sehr gelinde sind, und sich nur fast unmerklich und dieses oft schon viele Tage vorher, ehe der Kranke im Bette liegen bleiben muß, zu vermehren pflegen. Die ersten Zufälle sind eine Schwäche des ganzen Körpers, Mattigkeit und Niedergeschlagenheit; öftere, unregelmäßige Anfälle von einem kleinen Frost und abwechselnder Hitze; Müdigkeit, Angst, Beklemmung und Engbrüstigkeit, ohne daß in den Lungen selbst ein festsetzender Fehler vorhanden ist; Verlust des Appetites, Eckel, bisweilen ein Erbrechen eines Schleimes, der blos wässericht und ohne allen Geschmack ist; ein blasses eingefallenes Gesicht; Schwindel oder kleiner Kopfschmerz; unruhiger Schlaf u.s.w. Es findet <44> sich aber dabey den Tag über weiter keine Hitze, Durst, trockne Zunge und widernatürlich geschwinder Puls; hingegen wird von allen diesen Zufällen ein sehr geringer Grad, gegen Abend bey dem Kranken verspüret.

76. In dem Fortgang der Krankheit verstärken sich die hier erzählten Zufälle nach und nach immer mehr und mehr. Der Kranke kann nunmehro nicht weiter aus dem Bette aufdauren, der Puls wird geschwinder, bleibt aber noch immer schwach und schwankend. Der Patiente bekömmt öfters eine

[94] »Oft ist sogar eine widernatürliche Kälte vorhanden. A[merkung] d[es] Ueb[ersetzers].«

fliegende Röthe im Gesicht, wobey die Hände und Füsse kalt werden und hin und wieder ein kalter Schweiß ausbricht. Die Nerven sind in vielen Stücken außerordentlich reitzbar und empfindlich, vornehmlich aber gegen das Licht und Geräusche. Die Kranken bekommen Zucken der Flechsen, Zittern, ja zuweilen gar Zuckungen. Sie haben keinen wahren Schlaf, ohnerachtet sie zuweilen in einer Art von Unempfindlichkeit, jedoch mit offenen Augen da liegen. Sie phantasiren, obgleich nicht allzuheftig oder wüthend, und es ist bey ihnen mehr eine bloße Unordnung der Gedanken vorhanden, wobey sie immer fort vor sich etwas hermurmeln, ohne daß man etwas davon verstehen kann. Oft gehet vor diesem Phantasiren eine starker Schmerz oder Kälte in dem Hinterhaupt oder auch im Wirbel vorher, welcher mit Klingen der Ohren , selten aber mit einer Entzündung der Augen verbunden ist. — Bey allen diesen Zufällen ist der Puls schwach und zusammengezogen und es nehmen solche täglich immer mehr und <45> mehr zu, bis endlich der Patiente ganz unempfindlich wird. Der Urin ist blas und an Farbe oft den Molken ähnlich, macht auch gar keinen Bodensatz, und ohnerachtet die Zunge in dem Fortgang des Fiebers trocken wird, so klagen doch die Patienten selten über einen besondern Durst.

77. Bisweilen ist dieses Nervenfieber so beschaffen, daß sich die Zufälle zu gewissen regelmäßigen Zeiten ordentlich vermehren, dergleichen Exacerbation denn alle zwey, drey oder vier Tage erfolget, und sich mit einem Schweiß zu endigen pfleget. Nach den Remissionen findet sich ein Bodensatz in dem Urin, so wie aber das Fieber immer mehr zunimmt, werden auch diese Remissionen immer unmerklicher. — In der letzten Periode ist dieses Fieber mit den meisten derer Zufälle verknüpft, die wir oben [...] als Zeichen einer großen Schwäche und gänzlichen Mangels der zum Leben gehörigen Kräfte angeführet haben.

78. Man hat bey diesem Fieber selten zu erwarten, daß es durch eine ordentliche Crisis vergehen sollte, sondern es vermindern sich die Zufälle nur nach und nach, und der Patiente liegt um die Zeit wenn sich die Krankheit ändert und es besser mit ihm zu gehen anfänget, fast in einem beständigen Schlaf. – Wenn der Patiente einmahl – von der Zeit an zu rechnen, wo er bettlägerig geworden ist – den fünfzehnten Tag überstanden hat, so stirbt er selten, es währet aber oft eine weit längere Zeit, ehe sich das Fieber völlig verlieret. <46>

79. Gegen das Ende der Krankheit werden oft der untere Theil des Rückens und andere Theile, auf welchen der Kranke in der Krankheit hauptsächlich gelegen hat, von dem kalten Brande befallen. Dieser Brand ist mit keinen übeln Geruch verknüpft und nicht gefährlich, ja es haben ihn sogar einige für critisch angesehen. Wenn das Fieber lange angehalten hat, so bleibt oft bey dem Kranken, nachdem das Fieber sich gänzlich verlohren hat, eine gewisse Schwäche der Gedanken zurücke, die sich aber auch nach und nach verlieret.

80. Dieses Fieber ist von dem entzündungsartigen Fieber ganz verschieden. – Bey dem letztern überfällt der Anfall den Kranken plötzlicher, und ist mit einem größern Froste und einem harten, starken und geschwinden Puls verknüpft, der wenn man dem Kranken zur Ader läßt, völler wird. Auch ist bey diesem Fieber Hitze, Durst, eine trockne Zunge, Schmerzen in einem gewissen Theile des Körpers, vornehmlich aber ein stechender Schmerz im Kopfe verknüpft. Der Urin ist dunkelroth, der Kranke hohlet geschwind Athem und ist dabey engbrüstig und beklemmt. Alle diese Zufälle aber werden durch das Aderlassen erleichtert. Im übrigen sind bey den entzündungsartigen Fiebern die Patienten nicht so schwach und entkräftet, und das aus der Ader weggelassene Blut, ist, wie wir schon oben gesagt, mit einer sogenannten inflammatorischen Haut bedeckt.

81. Von dem faulen Fieber unterscheidet sich das Nervenfieber durch den Mangel derjenigen <47> Zufälle, welche eine Fäulniß zu erkennen geben. Auch sind bey dem Nervenfieber die Hitze, der Durst, die Geschwindigkeit des Pulses, das Erbrechen und der Ueberfluß der Galle, die durch das Brechen und die Stühle abgehet, bey weiten nicht so groß als bey dem Faulfieber. Dieses letztere ist gleichfalls mehr ansteckend. Im übrigen unterscheiden sich auch beyde Fieber dadurch, daß ihre entfernten Ursachen ganz verschieden sind.

82. Folgende Zufälle lassen, wenn sie bey diesem Fieber vorhanden sind, uns einen guten Ausgang der Krankheit hoffen.

1) Wenn die Zunge bey diesem Fieber, wenn solches schon einige Zeit gedauert hat, feucht wird, der Kranke viel Speichel auswirft, und die Haut duftet.

2) Ein warmer gelinder Schweiß, der über den ganzen Körper von freyen Stücken ausbricht, nicht aber durch die Hitze mit Gewalt herausgetrieben

wird. Sehr starke Schweiße hingegen, die bey diesem Fieber öfters vorhanden und nicht selten mit einem Frieselausschlag verknüpft sind, müssen allemahl als ein ungünstiger Zufall angesehen werden,

3) Eitergeschwülste in den Ohrdrüsen – Parotides – und an andern Stellen des Körpers.[95]

4) Ein schwehre Gehör. <48>

5) Wenn das Phantasiren nicht gleich bey dem ersten Anfall der Krankheit vorhanden ist.

6) Ein Frieselausschlag, der von freyen Stücken herauskömmt, und nicht die Folge colliquativischer mit Gewalt herausgetriebener Schweiße ist.

7) Ein gelinder Durchfall schaft bey dieser Gattung von Fiebern, oft zu der Zeit wo der Kopf am meisten leidet, Erleichterung.[96] – Aus der Beschaffenheit des Urins läßt sich bey diesen Fiebern gar nichts gewisses schließen, weil derselbe z.B. bisweilen in dem Anfang der Krankheit einen ganz natürlichen Bodensatz macht und oft, wenn das Fieber vergangen ist, viele Tage lang gar keinen Bodensatz zeiget.

83. Die prädisponirenden Ursachen zu diesen Fiebern sind:

1) Ein erschlafter Körper.

2) Das jugendliche Alter, sonderlich von der Mannbarkeit bis zu dem dreyßigsten Jahre. Man findet es selten bey Kindern und alten Leuten, nie aber bey ganz kleinen Kindern.

3) Alles was die Nerven schwächet. — Heftige Ausleerungen.[97] Eine sehr geringe wenig <49> Nahrhafte Kost — Leidenschaften die das Gemüth sehr niederschlagen; allzustarkes Studieren; die Furcht vor der Ansteckung; eine Lebensart wobey man viel sitzet.

---

[95] »Sie entstehen öfterer in den lymphatischen Drüsen am Ohr, als in den eigentlichen Speicheldrüsen, die am Ohre liegen. A. d. Ueb.«

[96] »Dieses zeigt, daß auch bey diesen Fiebern die Ursache der Krankheit sehr mit in den ersten Wegen sitzt. A. d. Ueb.«

[97] »Personen die Ausschweifungen im Beyschlaf gemachet, oder der Selbstbefleckung ergeben sind, sind diesen Fiebern besonders unterworfen. A. d. Ueb.«

4) Eine kalte feuchte Witterung hauptsächlich in morastigen Gegenden.

Welches sind wohl die Ursachen, daß diese Gattung von Fiebern in neuem Zeiten so häufig geworden sind?

84. Die gelegentlichen Ursachen sind:

1) Eine gewisse Beschaffenheit der Luft, deren eigentliche Natur man aber noch nicht recht bestimmen kann, die diese Krankheiten epidemisch macht.

2) Eine Ansteckung – doch scheinet dieses nur sehr selten die Ursache zu seyn.

3) Eine Erkältung zu einer Zeit, wo der Körper sehr erhitzt ist. – Doch bringt auch diese nur selten ein Nervenfieber hervor.

4) Eine widernatürliche Beschaffenheit und Unreinigkeiten in den ersten Wegen.

Ueberhaupt ist es fast immer unmöglich den Ursprung der Nervenfieber, aus einer gelegentlichen Ursache herzuleiten.

85. Das Blut ist bey den Nervenfiebern dem äußerlichen Ansehen nach ganz natürlich beschaffen, man findet auch kein deutliches Kennzeichen einer besondern Schärfe in irgend einer Feuchtigkeit des Körpers, und ohnerachtet man oft nach dem Tode in dem Gehirn eine Entzündung, Vereiterung oder <50> Ergießung von Blut, Wasser, Eiter u.s.w. antrift, so scheinen dieses doch mehr die Würkungen als Ursachen der Krankheit zu seyn. – Es ist bey dieser Gattung von Fiebern in der ersten Periode augenscheinlich eine große Schwachheit und Vermindrung der Nervenkraft mit einer widernatürlich vermehrten Empfindlichkeit und Beweglichkeit des Nervensystems, und einer fast gänzlichen Unempfindlichkeit in der letzten Periode verknüpft. – Ohnerachtet viele der vorhandenen Zufälle einen krampfigten Zustand zu erkennen geben, so scheint derselbe doch bey dem Nervenfieber seinen Sitz weniger in der Haut und den äußern Theilen als bey andern Fiebern zu haben, weil öfters der ganze Körper in allen Theilen gleich warm und über und über feucht ist, ja zuweilen die Patienten viele Tage hinter einander schwitzen. Es scheinet daß bey diesen Fiebern die Würkung des Herzens und der Schlagadern sehr geschwächt ist, weil der Puls während des Fiebers matt, schwach und unregelmäßig gehet, sobald aber das Fieber aufgehört hat, voll,

weich, stark und regelmäßig wird. – Rührt dieses wohl von einer spasmodischen Zusammenziehung des Herzens und der Schlagadern her? – Bey einem entzündungsartigen Fieber ist der Puls vor der Crisis voll und hart, wenn aber solche vorbey ist, so wird er klein, schwach und matt.

86. Die Anzeigen zu der Heilung bey dem Nervenfieber sind:

1) Wenn die Haut trocken ist eine gelinde Ausdünstung zu machen; den Leib offen zu halten <51> und die widernatürliche Beschaffenheit und Unreinigkeiten des Magens und der Gedärme, durch gelinde Brechmittel, Spießglasmittel, beruhigende schweißtreibende Mittel, gelinde Laxiermittel und Klystiere wegzuschaffen. – Alle starke Ausleerungen, vornehmlich vom Blute, sind bey diesen Fiebern sehr schädlich.

2) Die Lebenskräfte durch stärkende Mittel, vornehmlich durch den Wein, durch die Fieberrinde, Senfpflaster, Blasenpflaster und kaltes Trinken zu unterstützen. Man muß dabey, wenn das Fieber schon lange gedauret hat, dem Patienten leichte Fleischspeise erlauben, und durch alle mögliche Mittel den Muth des Kranken zu erhalten suchen.

3) Die krampfigten Zufälle durch warme Bäder, Bähungen, krampfstillende Mittel, den Moschus, das Biebergeil, den Campfer, Wein und Opiate zu heben.

4) Den vermehrten Trieb und Anhäufung des Blutes und der übrigen Säfte gegen und in dem Kopf, durch Ausleerungen des Blutes am Kopfe z. B. Blutigel, Blasenpflaster, Fußbäder u.s.w. zu vermindern und wegzuschaffen.

87. Kann man nicht die Fieberrinde vornehmlich bey dem Anfange der Fieber, wenn die Remissionen deutlich sind und der Patiente so bey sich ist, daß er solche in einer zureichenden Dosis nehmen <52> kann, in der Absicht geben, das Fieber durch sie zu vertreiben?[98] – Pflegt die Fieberrinde wohl die

[98] »Die Nervenschwäche scheint bey diesen Fiebern allerdings den Gebrauch der Fieberrinde zu erfordern, allein die in den ersten Wegen vorhandenen Unreinigkeiten machen, daß der Gebrauch abführender Mittel vorhergehen oder damit verbunden werden muß. Zu dem habe ich auch bey Nervenfiebern, die deutliche Remissionen zeigten und mit sehr bösartigen Zufällen verknüpft waren, die Fieberrinde Unzenweise zwischen den Exacerbationen nehmen sehen, allein es wurde nie das Fieber gänzlich unterdrückt, jedoch aber die schlimmen Zufalle bey den Exacerbationen als Schlafsucht, Phantasiren, Zuckungen dadurch sehr vermindert. Ein mäßiger Gebrauch der Fieberrinde schien allemahl die besten Dienste zu leisten. A. d. Ueb.«

natürlichen und kritischen Ausleerungen zu hemmen, wie sie viele beschuldigen? – Da auch viele derer bey dem Nervenfieber vorhandnen Zufälle so beschaffen sind, daß man gleich dem ersten Anschein nach die Opiate für dienlich und nöthig halten sollte, so verdiente es wohl genauer untersucht zu werden, ob das allgemeine Vorurtheil, das man sowohl bey diesen als andern Fiebern gegen den Gebrauch der Opiate hat, auf würkliche Erfahrungen von ihrer schädlichen Würkung, oder nicht vielmehr auf eine Hypothese gegründet ist, die man sich von der Art und Weise macht, wie diese Gattung von Mitteln würket.

88. Das Nervenfieber wird oft gleich im Anfang durch ein Brechmittel geheilet, vornehmlich wenn solches auch gelinde durch den Stuhl würket <53> und einen gelitten Schweiß erreget?[99] – Nach dem Brechmittel ist die Bewegung, die man sich täglich mit Fahren oder Reiten machet, vornehmlich aber eine Reise sehr dienlich.[100]

89. Das Nervenfieber fängt sich in unserm Lande oft mit den Zufällen eines ganz gelinden entzündungsartigen Fiebers an, bey welchem keine große Niedergeschlagenheit und Entkräftung ist. Es bleibt gleichfalls der Kopf die ersten fünf oder sechs Tage über ganz frey, und die Patienten phantasiren nicht. Hingegen leidet der Magen viel. Es ist auch gleich im Anfang eine Neigung zum Schwitzen vorhanden, ohnerachtet die Haut nachher bey dem Fortgang der Krankheit trocken wird. Der Puls ist weich und gehet nicht sehr geschwind, und es wird alle Morgen eine deutliche Remission der Zufälle verspüret.

90. Alle diese Zufälle nehmen aber nach und nach immer zu. – Die Remissionen werden unmerklicher und es kommen alle Zufälle des Nervenfiebers, und dieses zwar öfters ganz unvermuthet zum Vorschein. – Ueberhaupt ist die Behandlung seines Fiebers, welches sich so unvermerkt in ein Fieber von einer ganz andern Gattung verändert, mit der äußersten Schwierigkeit verknüpft.

---

[99] »Dieses zeigt auch, dass diese Krankheit in den ersten Wegen ihren Sitz hat. A. d. Ueb. «

[100] »Dieses gilt nur von dem ersten Anfang der Krankheit, da, sobald als das Fieber stark ist, der Kranke zu schwach wird, als daß er die geringste Bewegung sich machen könnte. A. d. Ueb. «

[1784] LAND UNTER IM KREUZGANG[101]

In dem Jahrtausendhochwasser von 1784 steigen die Fluten des Rheins bis ins Bonner Münster.

Wir schreiben die Nacht vom 26. auf den 27. Februar 1784. Erschöpft fällt der Bonner Beigeordnete Jakob Müller (1740-1815) auf sein Lager. Er hatte die vorangegangene Nacht vor lauter Unruhe kein Auge schließen können. Doch jetzt holt ihn die Müdigkeit ein, überfällt ihn der Schlaf. Er kann sich nicht mehr dagegen wehren. Doch kaum ist er in den Schlaf gefallen, als ihn ein gewaltiges Getöse wieder weckt. Ein kräftiger Stoss erschüttert sein Haus in der Giergasse. Es ist die Rheinschiffmühle, die von den Fluten des Hochwassers samt dreier daran gebauter Häuser losgerissen wurde und nun gegen das Haus von Jakob Müller geworfen wird. Es war früher nicht ungewöhnlich, dass der Rhein, noch nicht von Abwässern und Chemikalien künstlich erwärmt, Eisschollen trug.

Doch im Winter 1783/84 ist alles extremer. Die ersten Fröste treten im November auf, allerdings zuerst nur sporadisch und immer wieder von wärmeren Tagen durchbrochen. Doch dann stürzen die Temperaturen nach unten. Ursache ist ein großes sibirisches Hoch, das das Klima von den britischen Inseln bis nach Russland bestimmt. Erste Opfer sind im Dezember zu beklagen. Es gibt zahlreiche Kältetote in Europa; einer noch größeren Zahl an Menschen sind Hände oder Füße erfroren, so dass sie amputiert werden müssen. Die kleineren Flüsse sind von einer festen Eisdecke bedeckt und auf dem Rhein treiben erste Eisschollen flussabwärts. Ab Mitte Dezember ist dann auch der Rhein bei Bonn teilweise mit Eis bedeckt. Eine kurze Tauperiode um Weihnachten lässt das Eis noch einmal schmelzen, doch noch vor Jahreswechsel kehrt der Frost zurück und lässt erste Eisdecken auf dem Rhein entstehen. Die abwärts

[101] www.kultur-in-bonn.de, 2009; nicht mehr existent.

treibenden Eisschollen können durch den zugefrorenen Rhein nicht mehr abfließen und stauen sich zu Bergen, von Bad Hönningen bis Düsseldorf. Am 25. Januar ist der Rhein bei Bonn gänzlich zugefroren. Die Bewohner der Stadt nutzen die Eisdecke für Transporte. Einen Monat lang überqueren selbst schwer beladene Fuhrwerke und Karren den zugefrorenen Strom zwischen Bonn und Beuel. Händler schlagen ihre Stände auf, um die zahlreich anreisenden »Eistouristen« mit Andenken und Leckereien zu versorgen. Dieser Zustand dauert bis zum 25. Februar, als, laut Jakob Müller, folgendes geschieht:

Da trat Tauwetter ein. Überall schmolz der Schnee, und man fürchtete für jeden Augenblick das Brechen des Eises. Am Abend geschah es. Ich eilte nach Hause und funde, daß das Wasser in einer halben Stunde so angewachsen war, daß es bereits vor meiner Haustüre stunde. Aus den unteren Zimmern und Küche ließ ich alles was nicht niet- und nagelfest war, heraufschaffen ... Dieses ganze dauerte die ganze Nacht vom 25. auf den 26.2. fort. Morgens finde ich Frau und Kinder samt den Mägden, so alle auf dem ersten Stock zu einem Fenster hinaus mit einer Leiter in den Nachen stiegen; mußten fort und zum Haus hinaus. Das Wasser wuchs über Nacht so hoch an, daß es endlich bis an die Balken von meinem ersten Stockwerk reichte.

Um genau zu sein, der Rhein erreichte den legendären Pegelstand von 12,55 Meter. Dass das Wasser aber auch im Münster die Kirchenbänke das Schwimmen lehrte, liegt an einer geologischen Besonderheit. Ein späteiszeitlicher Rheinarm, »Gumme« genannt, erstreckt sich von Godesberg über Friesdorf und Kessenich entlang der heutigen Bahntrasse bis in die Innenstadt. Wenn man so will, liegt das Bonner Münster an dem Ufer dieses alten Rheinarms. 1784 überschreitet das Wasser des Rheins den Rand der Gumme und flutet die Senke. So gelangte das Wasser bis in die Innenstadt.

Den im gesamten Europa angerichteten Schaden schätzte die Zürcher Zeitung 1784 auf mindestens 200 Millionen Taler, ohne Berücksichtigung der Schäden, die der Landwirtschaft zugefügt wurden. Allein in Bonn wurden mehrere hundert Häuser vernichtet. Das Hochwasser sei, so die Zürcher Zeitung, schlimmer gewesen, »als ein Krieg gewesen sein würde, weil dieser in so kurzer Zeit nie so viel vernichtet.« Die legendäre Hochwassermarke von 1784 kann man noch heute im Münster bewundern: auf dem Weg zum Kreuzgang die zweite Stufe rechts.

1801 BERICHT ÜBER DEN RUNKELRÜBENZUCKER[102]

Zuckerrüben statt Zuckerrohr

Bericht | an die mathematisch-physikalische Klasse des Nationalinstituts von Frankreich | über den | RUNKELRÜBENZUCKER | abgestattet am 6ten Messidor 8ten Jahrs (25ten Jun. 1800) | von den Bürgern Cels, Chaptal, Darcel, Fourcroy, Guyton, Parmentier, Tessier, Vauquelin und Feyeux, | Mitgliedern einer Commission, welche den Auftrag erhielt, die Versuche des Herrn Achard über den Zucker der Runkelrüben zu wiederholen. | Uebersetzt und mit einigen Bemerkungen begleitet von Ferdinand Wurzer, | Doktor der Med. und öffentl. Professor der Chemie etc. zu Bonn; d. K. K. Akad. der Naturforscher, der Med. Chirurg. Pharmaceut. Societät in Brüssel, der naturforschenden Gesellschaft zu Halle, der K. physikalischen in Göttingen, der Herz. D. zu Helmstädt, und der Mineralog. in Jena Mitglied. | Köln am Rhein: bey Heinrich Rommerskirchen | im 9ten Jahre d. F. R. (1801)

<>

Dem Herrn ACHARD, Direktor der Königl. Preußischen Akademie der Wissenschaften zu Berlin, mit ungeheuchelter Hochachtung gewidmet vom Uebersetzer.

<5>

Unter den verschiedenen Produkten, die die Menschen sich aus dem Pflanzenreiche zu verschaffen gewußt haben, ist der Zucker der Gegenstand, dessen Gebrauch sich am meisten verbreitet hat.

---

[102] Fundstelle: BSB München, Signatur Oecon. 243; https://www.digitale-sammlungen.de/de/view/bsb10294083?page=,1

Sein süßer angenehmer Geschmack, durch den er als Gewürze uns zu vielen Speisen, Getränken, und selbst zu unsren Arzneien dient, hat ihn mit Recht in die Klasse von Substanzen gesetzt, die wir nur äußerst schwer würden entbehren können, da sie uns dringende Bedürfnisse geworden sind.

Betrachten wir den Zucker in Hinsicht auf den Handel, so ist er für Frankreich eine Waare, die den Speculateurs viel zu schaffen macht und ihnen gewissen Vortheil gewährt, wenn sie durch die Umstände begünstigt werden.

In gewöhnlichen Zeiten, das heißt, wenn die Handelsgeschäfte ungehindert fortgehen, ist die ganze Menge Zucker, die jährlich gemacht wird, bald verbraucht, und obschon die <6> Consumtion dann sehr beträchtlich ist, so bemerkt man doch, daß sein Preis immer sehr mäßig bleibt

Dies entsteht durch die Concurrenz und gereicht sowohl zum Vortheile des Käufers, als des Verkäufers; der erste kann seinen Zucker, so wie er ihn erhält, absetzen; und der zweyte kann sich gelegenheitlich ohne viele Kosten immer den Vorrath verschaffen, den er braucht.

Im Kriege gehen die Sachen ganz anders. Die Gefahren des Transports, die vielen Hindernisse beim Tausche, und mehr noch das beträchtliche Aufkäaufen, was man sich so oft erlaubt, sind Ursachen, die dazu beytragen den Preis des Zuckers so zu erhöhen, daß ihn bald der größte Theil derer, die ihn brauchten, nicht mehr zu bezahlen vermag.

Das ist auch der Grund, warum seit zehn Jahren bei uns der Preis des Zuckers immer stieg, und in gewissen Epoche der Revolution so hoch war, daß nur die Reichen sich ihn verschaffen konnten. <7>

Die Mittel, ähnlichen Unannehmlichkeiten auszuweichen, waren eben nicht so leicht zu finden. Ehe wir aber versichern wollen, daß deren keine giebt, glauben wir es zweckmäßig, einige Bemerkungen zu machen.

Die allgemein angenommene Meinung, daß das Zuckerrohr die Pflanze sey, die den meisten Zucker liefere, machte, daß man glaubte, nur dieses in Frankreich naturalisiren zu dürfen um so viel Zucker zu erhalten, als man nöthig habe[103].

---

[103] »Ganz genau weiß man nicht, wann zuerst das Zuckerrohr in Frankreich gepflanzt worden ist; aber es scheint, daß um das 16te Jahrhundert diese Art von Pflanzung ein Lieblingsgeschäft war. Beaujeu, der 1551 schrieb, sagt, „daß die Einwohner der Provence seit zwey Jahren das Zuckerrohr pflanzten, und es sey ziemlich wohl gerathen; aber man

Indem rnan so schloß, sah man hiebey zwey große Vortheile, man hieng nicht mehr von <8> Fremden ab, und konnte sich zu jederzeit, und ohne irgend etwas zu wagen, Zucker verschaff

fen; dabey war es auch nicht möglich, daß seine Preise in der Folge so wechselten, wie es gewöhnlich geschieht.

Unter denen, die in den jüngern Zeiten sich mit der Kultur des Zuckerrohrs in Frankreich beschäftigt haben, gehört der Bürger Bermond. Zu *Nouvelle Tempée* bey Nizza im Departement der See-Alpen wählte dieser einen Platz für seine Pflanzungen.

Die Temperatur des Klima's in diesem Departement, das eins der mittäglichsten von Frankreich ist, schien dem Erfolg dieser Versuche sehr günstig zu seyn, und wirklich das Zuckerrohr ward so groß und dick, wie das in Amerika; aber als man Zucker daraus bereiten wollte, konnte man nur Schleimzucker – du rnucoso-sucré – d. h. einen nicht cristallisirbaren Syrup daraus erhalten.

Die Arbeiten, die man in dieser Hinsicht unternommen hatte, hat der Bürger Cels der Klasse vorgelegt. Die Abhandlung, die diese Arbeit enthält, giebt sehr interessante Aufschlüsse, <9> sowohl über das Pflanzen des Zuckerrohrs, als über die Zeichen, wodurch man seine vollkommene Reife erkennen kann.

Nur wenn dar Zuckerrohr ganz reif ist, sagt unser Kollege, giebt es guten Zucker; aber um reif zu werden, erfordert es nicht nur einen guten Boden, sondern auch eine lang anhaltende Wärme und viel Feuchtigkeit. Auf den günstigsten Boden der Republik kann man sich nicht schmeicheln diese beiden Vortheile zu vereinigen. Der mehr oder weniger andaurende Winter hält eine Zeitlang die Vegetation auf, und wenn es sicher ist, daß man in den wärmsten Klimaten das Zuckerrohr vor einem Jahr nicht zeitig erhalten kann, so ist es leicht zu begreifen, daß man nicht daran denken darf, dies in Frankreich zu bauen.

Die Versuche des Bürger Bermond, und die, so andere hierüber zu verschiedenen Epochen machten, waren also fruchtlos, und machten, daß man auf die Hoffnungen Verzicht leisten mußte, die man sich hierüber gemacht hatte. Auch scheint es nicht, daß man sich seither damit beschäftigt habe. <10>

Beynahe eben so gieng es mit dem Zucker-Ahorn {*Acer saccharinum* L.} Dieser Baum, der so leicht in den vereinigten Staaten von Amerika fortkömmt, und der alle Jahre eine gewisse Menge einer zuckerichten Flüßigkeit giebt, aus der man

---

wüßte noch nicht die Qualität des Zuckers zu bestimmen, so man daraus erhalten könnte." Histoire de !a vie privée des François, par le Cityoen Legrand d'Aussi. «

kristallisirbaren Zucker erhalten kann, schien auf den ersten Blick das zu leisten, was man seit so langer Zeit vergebens gesucht hatte.

Wirklich es schien, als wenn man nur nöthig habe, den Zuckerahorn in Frankreich zu vervielfältigen, um die Flüßigkeit zu erhalten, die man vermuthete,. daß er jährlich geben müßte; inzwischen überzeugte man sich bald, da man darüber nachzudenken anfieng, daß der Zucker dieses Baums unter den günstigsten Umständen theurer seyn mäße, als der des Zuckerrohrs.

Es blieb also nichts übrig, als andere Pflanzen zu untersuchen, deren Geschmack die Gegenwart des Zuckers vermuthen ließ.

Die Steckrübe, die rothe Rübe, die Kastanien, die Stengel des türkische Korns, und mehrere andere Vegetabilien wurden <11> nacheinander in dieser Hinsicht untersucht; aber trotz den Behauptungen der Enthusiasten sah man klar, daß diese Pflanzen kein Surrogat für das Zuckerrohr geben konnten, und daß alle Mühe, die man sich geben würde, um den Zucker daraus zu ziehen, den man darin vermuthete, ohne Erfolg seyn würden.

So standen die Sachen, als Herr Achard ein Scheidekünstler von Berlin bekannt machte: er kenne ein Verfahren, durch welches man aus der weissen Runkelrübe so viel Zucker erhalten könne, daß alle Kosten abgerechnet, dieser nicht höher als das Pfund Markgewichr 28 bis 30 Centimes ungefähr 6 Stüber, zu stehen komme[104].

Vor mehr als 40 Jahren hatte schon Marggraf, ebenfals ein Berliner Chemist, die Möglichkeit bewiesen aus dieser Wurzel einen würklichen Zucker zu erhalten; aber da die Menge, die sie ihm bey aller Genauigkeit seines Verfahrens gab, doch nicht beträchtlich genug schien, um davon Vortheil zu ziehen, so hatte er sich begnügt das Ausziehen des <12> Zuckers aus dieser Wurzel blos unter den Gesichtspunkt eines neuen Produktes der Analyse der Pflanzen zu stellen. Er schloß denn daraus, daß der Zucker nicht einzig dem Zuckerrohr zugehöre, sondern daß er sich auch in andern Pflanzen vorfinde.

Wenn Marggraf also für den angesehen werden muß, der den Zucker in der Runkelrübe fand, so kann man doch nicht läugnen, daß so wichtig auch diese Entdeckung war, sie doch bei weitem nicht die Bedeutenheit harte, die Herr Achard ihr dadurch gab, daß er bekannt machte, man könne durch sein

[104] »Annales de Chemie, Nro.95, p. 168. «

Verfahren von dieser Wurzel so viel Zucker erhalten, daß er in vielen Fällen den aus dem Zuckerrohr ersetze.

Ohnerachtet des Rufes, den Herr Achard hat, so war doch der Eindruck, den die erste Ankündigung seiner Verfahrungsart machte nicht so günstig, als man erwarten konnte. Ohne gerade zu behaupten, daß seine Methode nicht genau genug sey, erlaubte man sich doch Zweifel und machte Einwürfe; und kurz, man blieb in einer Stimmung, die zu zeigen schien, daß die Versuche dieses Scheidekünstlers <13> bestättigt werden müßten, ehe man sie als richtig annehmen könne.

Ohne Zweifel ward Herr Achard von dieser Stimmung unterrichtet; er glaubte daher dieser eine andere Wendung geben zu müssen, indem er sich auf das Ansehen mehrerer glaubwürdiger Männer stützte, in deren Gegenwart er gearbeitet hatte; und um nichts zu wünschen übrig zu lassen, gab er eine Abhandlung im Deutschen heraus, in der er seine Verfahrungs-Art so detaillirt beschrieb, daß jeder sie wiederholen konnte.

Alle Zeitschriften bemühten sich diese Abhandlung anzukündigen, und gaben davon so viele günstige Berichte, daß bald die allgemeine Meinung fixirt wurde, und man nun nicht mehr an dem Nutzen zweifelte den die Entdeckung Achard's geben könne.

Inzwischen blieb eine große Frage zu beantworten übrig, die nämlich: ob die Runkelrüben in Frankreich eben so reich an Zucker seyen wie die in Berlin?

Es ist klar, daß auf den Fall das Gegentheil bewiesen worden wäre, das Verdienst des <14> Herrn Achard's sehr viel verringert worden sey, und daß der Enthusiasmus, mit der man diese Entdeckung in Frankreich aufgenommen hatte, bald aufhören mußte. Endlich würden alle die Spekulationen, die dadurch entstanden waren, nur sehr unangenehme Resultate haben geben können,

Um in dieser Hinsicht neue Aufklärung zu erhalten, hat die Klasse auf den Vorschlag eines ihrer Mitglieder eine Kommission ernannt, die sich mit den Versuchen beschäftigen sollte, die in irgend einem Bezüge mit der Gewinnung des Zuckers aus den Runkelrüben ständen

Die Kommission hat sich alle Mühe gegeben dem Wunsche der Klasse zu entsprechen und wenn sie das Ergebniß ihrer Arbeit nicht eher überreichen konnte, so war die Ursache blos diese, daß man die Versuche Mehrere Male wiederholen wollte, sie öfters abänderte, und nichts unberührt ließ, was nur irgend fähig schien, die Zweifel zu zerstreuen und zur Wahrheit selbst zu kommen.

Um eine gewisse Ordnung im Erzählen der Versuche zu halten, hat die Kommission diesen <15> Bericht in drey Theile getheilt. Der erste wird das Detail der Versuche enthalten, die man gemacht hat, um genau die Menge Zucker zu bestimmen, die, in der in Frankreich gebauten Runkelrübe, enthalten ist.

Im zweyten Theile wird das Verfahren des Herrn Achard erzählet.

Im dritten wird man die Versuche angeben, die gemacht wurden, um dies Verfahren zu vervollkommnen.<16>

Erster Theil: Gemachte Versuche um die Menge des Zuckers kennen zu lernen, der sich in der Runkelrübe befindet.

Die Versuche, die wir hier erzählen wollen, sind ungefähr dieselben, die Marggraf in seiner Abhandlung über den Zucker verschiedener Pflanzen angestellt hat[105].

Es war um so zweckmäßiger, diese zu wiederholen, da sie uns ein sicheres Mittel gaben, die Menge des Zuckers in den Runkelrüben zu kennen, mit denen man Versuche anstellen wollte. Auch konnte man dadurch wahrnehmen, ob diese Menge im Verhältnisse mit der sey, die man erhält, wenn man Herrn Achard's <17> Methode oder eine andere ihr ähnliche Verfahrungsart befolgt.

Da der Alkohol die Eigenschaft hat, den Zucker aufzulösen, so liessen wir davon eine bestimmte Menge so weit rectificiren, daß er bei 15 ° R. 37° am Areometer von Baumé zeigte. So schien er uns entwässert genug, um die verlangte Wirkung hervorzubringen.

Wir wissen nicht, ob der, den Margraf brauchte, stärker war, da er blos sagt, daß der seinige ausserordentlich rectifizirt gewesen sey.

Wir verschafften uns dann die Art Runkelrüben, die Herr Achard als die zuckerreichsten empfohlen hat, d. h. solche: deren Wurzeln dick, spiedelformig, saftig, äußerlich röthlich, und inwendig weiß waren. Wir erhielten sie durch den Bürger Sageret, Mitglied der Ackerbaugesellschaft des Sein-Departements, der sie auf einem Stück Landes gebaut hatte, das zu seiner Pfachtung zu Billancour nahe bey Sèvres gehörte. Ihre äußern Eigenschaften zeigten, daß sie das Produkt einer gesunden Vegetation waren. <18> Diese Wurzeln wurden, nachdem sie aus der Erde gezogen waren, gleich gereinigt, in dünne Scheiben geschnitten, und so an

[105] »Chemische Versuche einen wahren Zucker aus verschiedenen Pflanzen, die in unsre Ländern wachsen, zu ziehen. Marggraf's Ch. Schriften, Berlin 1767, 2ter Th., S. 70. «

einen warmen Ort gesetzt. In weniger, als drey Tagen waren sie trocken, und zerbrechlich. Der Verlust, den sie hiebey erlitten, betrug drey Viertel ihres Gewichtes.

Anstatt sie zu pülvern, wie Marggraf empfiehlt, haben wir sie in kleine Stückchen gebrochen, und dann in einen Kolben gebracht.

Auf 8 Theile so behandelter Wurzeln gossen wir 32 Theile von dem oben beschriebenen Alkohol. Nachdem wir sie drey Tage in einem mäßig erwärmten Sandbade digerirt hatten, gossen wir das Helle ab.

Diese Flüßigkeit war leicht Zitronengelb, und schmeckte auffallend zuckericht. Bey dem Erkalten ließ sie eine Menge kleiner weissen Cristallen fallen, die sich innwendig an die Wände der Gefäße anlegten, und sie zum Theil undurchsichtig machten. <19>

Als wir bemerkten, daß dieser Niederschlag nicht mehr zunahm, gossen wir den Alkohol ab, und setzten ihn bey Seite.

Wir schütteten itzt von neuem Alkohol auf die Runkelrübe, die im Kolben geblieben waren, und nach einer Digestion von 4 Tagen gossen wir ihn, wie den vorhergehenden, ab.

Dieser war weniger gefärbt, als der vorige, aber schmeckt doch noch zuckericht.

Wir schütteten nun zum dritten Male Alkohol auf die Runkelrüben; aber da dieser nach einer Digestion von mehrern Tagen nicht den Geschmack erhalten hatte, den wir an dem ersten und zweiten wahrgenommen hatten, so schlossen wir, daß der Zucker, der in den Runkelrübe gewesen war, nun gelößt sey.

Wir gossen nun diese drey Flüßigkeiten zusammen und zogen durch Destillation drey Viertel davon ab.

In diesem Zustande war die Flüßigkeit sowohl in Rücksicht der Consistenz, als ihres Geschmacks, in wirklicher Syrup. Wir <20> brachten ihn in ein anderes Gefäß, und ließen ihn von selbst verdampfen.

Wir vermutheten daß er schnell cristallisiren würde; inzwischen sahen wir erst nach 10 Tagen, daß auf seiner Oberfläche sich eine kristallinische Kruste erzeugte. Wir zerbrachen diese mit Behutsamkeit, damit ihre Stücke sich auf dem Boden des Gefäßes vereinigen konnten.

Einige Tage später sahen wir ziemlich dicke und isolirte Cristallen, die sich an die Wände des Gefäßes setzten. Diese Cristallen vermehrten sich merklich;

endlich da wir sahen, daß sich keine mehr bildeten, so gossen wir den Syrup ab, der nun so dick wie Honig war.

Wir vermutheten, diese Consistenz sey vielleicht Schuld daran, daß sich nicht aller Zucker, den der Syrup enthalte, aus ihm cristallisire. Wir verdünnten ihn daher mit einer hinreichenden Menge Alkohol, und nachdem wir ihn einige Minuten im Wasserbade erwärmt hatten, wurde er abermal zum freywilligen Abdampfen hingestellt. <21>

Nach und nach bildeten sich neue Cristallen, aber in geringer Menge; endlich blieb nichts übrig, als eine wirkliche Melasse die sich durchaus nicht cristallisiren wollte.

Das Produkt dieser beyden Cristallisationen betrug am Gewicht, nachdem man es abtröfeln ließ, und dann trocknete, 3/6 der getrockneten Wurzel. Der Geschmack war angenehm, und obschon er gelb aussah, so hätte man ihn doch statt gewisser Kassonaden aus dem Zuckerrohr, die nicht vollkommen weiß sind, brauchen können.

Wir haben oben bemerkt, daß der Alkohol, der mit trocknen Runkelrüben in Digestiv gesetzt worden war, einen kristallinischen Bodensatz hatte fallen lassen, ehe er abgeraucht war. Da wir diesen Bodensatz untersuchten, so schien er uns wirklicher Zucker zu seyn, er schmeckte so, und hatte auch seine übrige Eigenschaften. Es betrug an Gewicht beinahe 1/16 der trocknen Wurzel.

Wenn wir also diese Produkte zusammen rechnen, die wir in den verschiedenen Operationen erhielten, so gaben 8 Theile getrockneter <22> Runkelrüben 2 Theile Zucker. Diese 8 Theile aber waren das Resultat von 32 Theilen frischer Runkelrüben, das heißt solcher, die noch all ihr Vegetations-Wasser enthielten.

So können wir nun nach dieser ersten Uebersicht, als gewis annehmen, daß die frischen Runkelrüben, mit denen wir unsere Versuche angestellt hatten, zum wenigsten 2/32 ihres Gewichts kristallisirbaren Zucker enthielten. Wir sagen zum wenigsten; denn es ist mehr als wahrscheinlich, daß während den verschiedenen Versuchen, die wir mit den Runkelrüben stellten, etwas von ihrem Zucker in Schleimzucker {*mucoso-sucré*} verwandelt worden sey.

Diese Vermuthung scheint uns um so mehr Grund zu haben, da wir aus den Versuchen, die einer unter uns privat anstellte, wissen, daß man nie eine Zuckerauflösung – der Zucker sey auch noch so rein, und die Flüßigkeit, worin er gelößt wird, welche sie wolle – abdampfen könne, ohne daß dadurch ein Theil des Zuckers, die Eigenschaft sich zu kristallisiren, einbüße.

Ohne Zweifel kömmt es also daher, daß wir, nach dem Kristallisiren, eine Art Mutterlauge <23> erhielten, die der Melasse des Zuckerrohrs ähnlich war.

Obschon wir bei der Mühe, die wir uns bei unfern Versuchen gegeben hatten, an der wirklichen Menge von Zucker, die in der Runkelrübe enthalten war, nicht zweifeln konnten, so haben wir doch, um in dieser Hinsicht noch gewisser zu seyn, mit zwey neuen Portionen getrockneter Runkelrüben Versuche angestellt.

Die Resultate, die wir nun erhielten, gaben uns eine unbedeutende Verschiedenheit von den ersten, und wir schlossen daraus, daß die zuerst erhaltenen Produkte von der Art seyen, daß man darauf rechnen, und sie zur Basis aller Berechnungen annehmen könne, die man damit anstellen wolle.

Um den ersten Theil unserer Arbeit zu beendigen, mußten wir nun noch den Verlust kennen lernen, den der von uns erhaltene Zucker beim Rafiniren erleidet. Zu diesem Zwecke lößten wir 64 Grammen in einer genügsamen Menge Alkohol auf. Diese Auflösung wurde filtrirt, abgedampft und zum Kristallisiren hingesetzt. Sie gab in drey Kristallisationen einen Zucker <24> der viel Ähnlichkeit mit dem käuflichen Kandiszucker hatte. Den Verlust, den wir durch die rückbleibende Mutterlauge erlitten, betrug 1/8 des ganzen dazu verwendeten Zuckers.

Wenn wir itzt die Menge Zucker, die wir durch den Alkohol erhielten, mit dem vergleichen, den Marggraf durch eben diesen erhalten zu haben versichert, so ist es deutlich, daß die in Frankreich gebauten Runkelrüben mehr Zucker enthalten, als die, mit welchen dieser Scheidekünstler in Berlin vor ungefähr 40 Jahren Versuche angestellt hat.

Wirklich hatte er nur ein Loth reinen Zucker ans sechszehn Loth getrockneten Runkelrüben erhalten, da uns die unserigen in derselben Menge beinahe zwey, und ein halb Mal mehr gaben.

Können wir diesen Unterschied wohl dem Mangel an Genauigkeit zuschreiben, die Marggraf bei diesen Versuchen anwandte? Wir glauben das nicht.

Die Pünktlichkeit, die dieser Scheidekünstler in allen seinen Arbeiten beobachtete, ist zu bekannt, <25> als daß man ihn einer Nachläßigkeit bei einem Versuche zeihen könnte, auf deren Erfolg er einigen Werth zu setzen schien.

Wir glauben eher, daß die Runkelrüben, die er untersucht hat, nicht von der Güte, und von der Art waren, als die unsrigen. Vielleicht war ihre Kultur nicht gehörig gepflegt worden.

Die Bemerkung von Herrn Achard scheint mir diese, letzte Vermuthung zu bestättigen. Er behauptet, daß die weissen Runkelrüben nicht viel Zucker geben, wenn sie nicht wohl cultivirt seyen.

Da wir also den Zucker in der Runkelrübe bewiesen hatten, und auch die Summe des Ertrags kannten, so beschäftigten wir uns, um die Versuche des Herrn Achard's zu wiederholen. <26>

Zweiter Theil: Verfahren des Herrn Achard's, um Zucker aus den Runkelrüben zu erhalten.

Diese Verfahrungsart, die wir bei den Versuchen, die wir itzt erzählen wollen, befolgten, ist uns durch unsern Kollegen van Mons mitgetheilt worden, der sie von Herrn Achard selbst hatte; diese Methode ist nachher in Nro. 95 der *Annales de Chimie* abgedruckt worden

Es besteht darin, daß man die Runkelrüben in einer genügsamen Menge Wasser kochen läßt, bis sie so weich sind, daß man einen Strohhalm hineinstecken kann[106]. Dann schneidet man sie in Scheiben, und drückt durch eine starke Presse den Saft aus. Das Mark muß nachher 12 Stunden lang in Wasser maceriren, und nun drückt man es ebenfalls aus. <27>

Dann verdampft man die beiden erhaltener Flüßigkeiten, indem man sie stets im Sieden erhält, bis daß sie die Dicke eines flüßigen Syrups haben. Man hat keine andere Vorsorge nöthig, als von Zeit zu Zeit die Flüßigkeit durch ein wollenes Filtrum durchlaufen zu lassen, um die darin schwimmenden Theile, so die Flüßigkeit trüben, davon zu trennen.

Wenn der Syrup so weit ist, so gießt man ihn in weite Gefäße, und setzt ihn au einen Ort, dessen Temperatur 30 bis 35° ist. Vor und nach bildet sich auf der Oberfläche eine kristallinische Kruste; diese muß man zerbrechen wenn man merkt, daß sie zu dick ist.

Sobald man Statt der Kruste etwas Gummigtes erscheinen sieht: so kristallisirt die Flüssigkeit ferner nicht mehr. Man hört also nun mit dem Abdämpfen auf; was übrig bleibt, ist ein Gemische aus mehr oder wenig Rohzucker, und einem klebrigen Stoffe.

[106] »Herr Achard hat dies Verfahren in etwas abgeändert. d. Uebers.«

Um den Rohzucker aus dieser Art von Extract zu scheiden, schüttet man dieses Ganze in einen Sack von naßgemachter Leinwand, und preßt ihn allmählig aus, der Rohzucker <28> bleibt im Sacke, und das flüßige Extrakt scheidet sich ab[107].

Diese Moscovade, sagt Herr Achard, könne man, statt Zucker, brauchen; durch das Rafiniren wird er ganz weiß, und läßt sich in ähnliche Hüte formen, wie der gewöhnliche im Handel zu seyn pflegt.

Wir haben dies Verfahren mit der größten Genauigkeit befolgt. Die Erscheinungen, die Herr Achard angab, hatten wirklich Statt; aber wir bemerkten noch über dies, daß die Flüßigkeit, sobald sie zu sieden anfängt, ihren zuckerichten Geschmack beinahe ganz verlohr, und ihn nicht wieder erhielt, bis sie zur Hälfte verkocht war, und man allen Schaum weggenommen hat, der sich während dem ganzen Verlaufe der Operation so häufig zeigte.

Die größte Schwierigkeit, die wir fanden, war; den Punkt der Consistenz zu bestimmen, wo der Syrup am beste kristallisirt; nach <29> vielem Hin- und Hersuchen haben wir dies endlich gefunden. Auch bemerkten wir, daß man im Großen arbeiten muß, wenn sich die Flüßigkeit leicht kristallisiren soll.

In unsern kleinen Versuchen erhielten wir sehr oft einen Syrup, der nicht kristallisiren wollte. Es schien, als wenn all der Zucker, den er enthielt, in Schleimzucker verwandelt worden sey. Diese Bemerkung bestimmte uns mit 1152 Theil Runkelrüben auf ein Mal zu arbeiten.

Das war die größte Menge, die wir gebraucht haben, da wir keine Gefäße besassen, die uns erlaubten noch mehr im Großen zu arbeiten. Diese 1152 Theile Runkelrüben gaben einen Syrup, der in zwey Kristallisationen uns achtzehn Theile sehr braunen Rohzucker gab, dessen Geschmack nicht sehr angenehm war.

Wir versuchten diesen zu reinigen, indem wir ihn im Wasser lößten, und diese Solution mit Eyerweiß klarten. Wir dampeen nachher die Flüßigkeit ab, setzten sie zum Kristalllsiren hin, und erhielten dann in verschiedenen Malen einen weniger dunkel gefärbten Rohzucker, wie <30> der erste war. Durch eine zweyte und dritte Reinigung wurde seine Farbe noch heller. Dies machte uns vermuthen, daß es möglich gewesen wäre ihn ganz weiß zu erhalten, wenn wir fortgefahren hatten, ihn den gewöhnliche Operationen des Zucker-Raffineurs zu unterwerfen.

---

[107] »Herr Göttling verricht die Scheidung des Zuckers ohne alle Auspressung. d. Uebers. «

Wir müssen hiebey bemerken, daß man bei jedem Reinigen einen beträchtlichen Verlust erleidet. Wir sind schier gewiß, daß diese beinahe ein Drittel des Gewichts des gebrauchten Rohzuckers betragen kann, wenn man nämlich die Reinigung so weit treiben wollte, daß er vollkommener weißer Zucker würde.

Es ist aber noch nicht genug, daß man die Möglichkeit beweißt aus der Moscovade einen reinen Zucker zu erhalten; wir verglichen daher itzt die erhaltene Menge des letzter mit der, die der Rohzucker des Zuckerrohrs giebt.

Diese Vergleichung schien uns um so nöthiger, da sie dazu dienen konnte, uns den Vortheil zu zeigen, den man dadurch erhielt, wenn man eine von diesen beyden Moscovaden vorzugsweise rafinirte. <31>

Wir verschafften uns also Rohzucker aus dem Zuckerrohr, und aus Runkelrüben, beyde waren durch die erste Kristallisation aus ihrem Syrup entstanden. Nachdem wir sie bey gelinder Wärme hatten trocknen lassen, nahmen wir von jedem gleichviel, und übergossen ihn mit rektifizirtem Alkohol. Als die Digestion beendigt war, filtrirten wir die Flüssigkeiten, und verdampften sie so bis zur Consistenz eines dicken Syrups.

Nach 48 Stunden bemerkten wir Kristalle, die sich allmählig vermehrten, und größer wurden. Das ganze Produkt dieser Kristallisation ließ man abtröpfeln, und trocknete es dann. Wir bemerkten nun, daß der Rohzucker des Zuckerrohrs beinahe 1/16 mehr Zucker gab als der Rohzucker der Runkelrübe. Der Zucker von beyden war übrigens zum gewöhnlichen Gebrauche rein genug.

Hieraus also kann man abnehmen r

1tens, Daß man durch die Methode des Herrn Achard aus den Runkelrüben einen wahren Rohzucker erhalten kann. <32>

2tens, Daß der reine Zucker, den man aus diesem Rohzucker erhält, etwas weniger in der Menge beträgt, als der aus dem Zuckerrohr.

3tens, Daß während dem Verfahren, das Herr Achard empfiehlt, um aus den Runkelrüben einen Syrup zu erhalten, ein Theil des Zuckers sich zersetze und nicht mehr kristallisirter sey; denn man erhielt weniger Rohzucker, als man erhalten haben würde, wenn man, statt die Wurzeln zu kochen, sie nur mit Alkohol behandelt hätte.

Dies letzte Bemerkung schien uns wichtig genug, um zu untersuchen, ob es nicht möglich sey, das Verfahren des Herrn Achard zu vervollkommnen.

Obschon die Versuche, die wir zu diesem Zwecke machten, nicht ganz unserm Wunsche entsprachen, so glaubten wir doch, daß es denjenigen, die sich, wie wir, mit dieser Arbeit beschäftigen wolle, vortheilhaft seyn könne.

Das ist der Grund, der uns bestimmte, sie in diesem Berichte zu erzählen. <33>

Dritter Theil: Gemachte Versuche, um das Verfahren des Herrn Achard's zu vervollkommnen.

Wenn man die Vortheile bedenkt, die das Verfahren des Herrn Achard's gewähren müßte, wen wir dadurch eine so große Menge Zucker au den Runkelrüben erhalten könnten, als er daraus erhalten zu haben vorgiebr, so ist der Eifer, mit dem er diese Methode bekannt machte, begreiflich; indessen ist es doch sehr zu bedauren, daß dieser Scheidekünstler die Versuche nicht mitgetheilt hat, die er ohne Zweifel machen mußte, ehe er sich bestimmen konnte, diesem Verfahren den Vorzug zu geben. Er hätte den Andern viele unnütze Arbeiten erspart.

Da wir nur den Auszug des Werke besitzen, das Herr Achard über die Bereitung des Zuckers aus den Runkelrüben herausgegeben hat; und da dieses nichts enthält, was auf die <34> Erfahrungen Bezug hat, die er gemacht hat, ehe er zu dem Punkte kam, wo er stehen blieb; so haben wir uns Mühe gegeben, diese Lücke auszufüllen; indem wir die Art zu arbeiten veränderten, und nicht blos eine größere Menge Zucker aus den Runkelrüben zu erhalten suchten, sondern auch darauf dachten, wie dies schneller und leichter geschehen könnte, als durch das Verfahren des Berliner Scheidekünstlers.

In dieser Hinsicht versuchten wir die Stoffs von diesem Zucker zu trennen, durch die der Rohzucker der Runkelrüben seine dunkelbraune Farbe erhält, die dabey seinen Geschmack etwas unangenehm machen, und ihn verhindern sich zu kristallisiren. Diese Stoffe sind Bestandtheile der Runkelrüben, und sind mit den Zuckertheilen fest verbunden Wir suchten diesen Zweck dadurch zu erreichen, daß wir den ausgepreßten Saft der gekochten Runkelrüben den verschiedenen Operationen unterwarfen, denen man den ausgepreßten Saft des Zuckerrohrs unterwirft.

Dies war uns um so leichter, da wir den Bürger Mitouard, Vorsteher des chemischen Laboratoriums an der Schule der Heilkunde in <35> Paris, zum Gehilfen hatten, der 6 Jahre in Amerika in einer sehr beträchtlichen Zuckersiederen gearbeitet hat, dem also dies Verfahren sehr geläufig war.

Kalkwasser, Aschenlauge, Ochsenblut, Eyerweiß, öfteres Durchseihen, kurz alle übliche Verfahrungsarten der Zuckersiedereien wurden nach und nach angewandt, und mehrere Male mit großen Mengen Saft aus gekochten Runkelrüben wiederholt, den wir eigends dazu hatten bereiten lassen; aber trotz aller Beharrlichkeit und Genauigkeit, die der Bgr. Mitouard anwandte, um zum Zwecke zu kommen, so konnte er doch nie diesen Saft zu dem eigenen Zustande bringen, zu dem der Saft des Zuckerrohrs gewöhnlich kömmt, und nach welchem derjenig, der den Saft des Zuckerrohrs siedet – *Maitre de cuite* – erklärt, daß der Syrup guten Zucker geben werde,

Inzwischen kristallisirten alle unsere Syrupe, die wir in die Warmstuben setzten; aber die Menge Rohzucker, die wir erhielten, war nicht beträchtlicher, als die, welche wir durch Herrn Achard's Methode erhielten. <36>

Ein Mal glaubten wir das wahre Verfahren gefunden zu haben, da der erhaltene Syrup uns in kurzer Zeit einen weniger braungefärbten Rohzucker, und dabey in größerer Menge gab, als wir ihn in allen vorher gemachte Versuchen erhalten hatten.

Dies Verfahren, welches, wie man uns nachher versichert hat, mit Vortheil in den Rafinerien angewandt wird, wen man sehr braunen Rohzucker reinigen will, besteht in folgendem:

Nachdem man eine gewisse Menge Saft aus gekochten Runkelrüben bis ungefähr auf die Hälfte abgedampft, und den Schaum fleißig weggenommen hat, so wirft man, statt Kalkwasser hineinzuschütten, eben an der Luft gelöschten Kalk hinein; die Flüßigkeit schwillt plötzlich auf, und da Aufbrausen wird so lebhaft, daß uns ein Theil der Flüßigkeit aus dem Gefäße herauslief. Es entsteht eine große Menge Schaum, die Flüßigkeit erhält eine Art von Durchsichtigkeit und um sie ganz hell zu haben, seiht man sie nun durch n dichtes wollenes Tuch. Wir verdampften diese nun bis zur Dicke eines Syrups, und setzten sie an einen mäßig warmen Ort. Nach 30 Tagen <37> erhielten wir Zucker in großen Kristallen, und weniger gesiebt, als der Rohzucker, den wir bis hierhin gesehen hatten. Nach der ersten Kristallisation hatten wir schon mehr Produkt, als wir noch von den Syrupen erhalten hatten, die nach andern Verfahrungsarten behandelt. worden waren.

Indem wir diesen Zucker untersuchten, fanden wir, daß er einen eckelhaften Geschmack hatte, so daß es Mähe kostete, ihn zu vertragen[108]. Die Menge Kalk,

[108] »Die Königl. Kommission zu Berlin wirft 3 his 4 Loth frisch gebrannten Kalk auf 100 Quart während dem Kochen in den Saft, und sagt nichts von diesem Geschmack! Sollte das den Unterschied machen, daß diese frisch gebrannten Kalk nimmt, und den zu Kalkmilch macht? d. Uebers. «

die wir bey diesem Versuche angewandt hatten, betrug ungefähr den 64sten Theil der Flüßigkeit, womit wir operirten.

Man versuchte diesen Zucker zu reinigen; aber er behielt den ersten Geschmack, der ohne <38> Zweifel von einer gewissen Menge Kalk herkam, die an ihn gebunden, oder mit ihm verbunden war. Wir haben die Untersuchung dieses Zuckers bis auf eine andere Zeit aufgeschoben; seine Eigenschaften sind wesentlich von den gewöhnlichen unterschieden, und er verdient genau untersucht zu werden.

Das wichtigste, was aus dem eben erzählten Versuche folgt, ist, daß man durch den Kalk den Saft der gekochten Runkelrüben von einem Theil der Stoffe trennen kann, die mit seinen Zuckertheilen verbunden sind, und daß man hiedurch seinen Hang zum Kristallisiren vergrößert.

Da wir das Verfahren des Herrn Achard's beschrieben, bemerkten wir, daß eine der wesentlichsten Bedingungen hiebey sey, die Runkelrüben zu kochen, ehe man den Saft auspresse.

Als wir über diese Operation nachdachten glaubten wir wahrzunehmen, daß dieses mehr nachtheilig als nützlich seyn müßte. <39>

Wirklich es schien uns, als könnte man die Runkelrüben nicht mit Wasser kochen, ohne sie eines Theils ihres Zuckers zu berauben, und ohne daß der zurückbleibende Zucker sich mit andern Stoffen vereinige, die sich in diesen Wurzeln befinden.

Wir glauben uns um so mehr in dieser Vermuthung bestärkt, daß die Sache sich wirklich so verhält, da wir den merklichen Unterschied kennen, der zwischen einem Extrakte Statt hat, den man aus der Abkochung der Pflanzen bereitet, und aus einem solchen, wobey man nur den ausgepreßten Saft derselben Pflanze anwandte.

Da wir uns übrigens in dieser Hinsicht die größte Sicherheit verschaffen wollten, so entschlossen wir uns folgende Versuche zu machen.

1tens, Statt die Runkelrüben erst zu kochen, wie Herr Achard that, bearbeiteten wir sie roh. Um den Saft ohne Schwierigkeit zu erhalten, ließen wir sie auf einer Schabmühle, die unser Kollege Parmentier in seiner Abhandlung: Ueber die Kartoffeln, beschrieben hat, zu Brey machen <40> Dies Mus ward nun stark ausgepreßt; auf diese Art erhielten wir von eilfhundert zwey und fünfzig Theilen frischer Runkelrüben, siebenhundert und acht und sechszig Theile von einer trüben Flüßigkeit, die sehr zuckericht schmeckte, und braun von Farbe war. Wir ließen sie einige Stunden an einem kühlen Orte sich setzen, und gossen sie dann durch ein wollenes Tuch. Sie war zwar nun noch nicht ganz hell, indessen wollten wir sie doch nicht länger stehen lassen, weil wir befürchteten, die Nahrung möchte einen Theil des Zuckers zersetzen. Wir verdampften sie daher jetzt bei anhaltender Siedhitze zur Dicke eines Syrups. Während dem Abdampfen bildete sich viel Schaum, den wir fleißig wegnahmen. So ward der Syrup endlich klar. Wir gossen ihn nun in eine weite irdene Schüssel, und setzten ihn an einen warmen Ort[109]. <41>

Nachdem er so vierzig Tage geständen hatte, erhielten wir in zwey Kristallisationen vier und zwanzig Theile Rohzucker. Das macht also den 48ten Theil der gebrauchten Runkelrüben aus. Diese Moscovade war nicht so braun, als die, welche man bey der Methode des Herrn Achard's erhält; aber die Melasse, worin er entstand, war sehr braun, zähe, und dick. Wir setzten diese weg, als wir sahen, daß sich nichts mehr daraus kristallisire.

2tens, Anstatt den rohen Saft der Runkelrüben allein zu nehmen, wie wir oben erzählt haben, rauchten wir eben so viel davon, wie in den vorigen Versuchen, bis zu ¾ ab, und setzten nun Kalkwasser hinzu; hiedurch wurde die Flüßigkeit schneller hell und weniger zähe; nachdem sie genug eingedufft war, setzten wir sie in die Wärme. Nach einem Monate hatte sie 20 Theile Rohzucker abgesetzt, der nicht so braun war, wie der vorhergehende; die übrig bleibende Melasse gab keine Kristallen mehr.

3tens, Wir vermutheten, das Kalkwasser habe nicht kräftig genug gewirkt, und versuchten es daher, den rohen Saft der Runkelrüben mit Kalk selbst zu behandeln. Es entstand <42> gleichviel Schaum, und so lang die Flüßigkeit im Sieden blieb, war sie bell; aber beim Erkalten wurde sie bald trübe. Als wir nun den Syrup an einen mäßig warmen Ort setzten, kristallisirte sie nicht schneller, wie beym Kalkwasser, und der Rohzucker betrug in Hinsicht der Menge eben so viel wie vorhin.

Übrigens war der Geschmack dieser Moscovade unangenehm, und so wie der, den wir nach dem Zuschütten des Kalks zu dem Safte der gekochten Runkelrüben wahrgenommen hatten.

---

[109] »Es ist wesentlich, die Flüßigkeit stets im Sieden zu erhalten, und den Schaum immer sobald wegzunehmen, als er entsteht; sonst wird der Syrup dick, klebrig, und giebt keinen Rohzucker. Auch muß man den Syrup nicht zu lang kochen; setzt man ihn nachher in die Wärme, so müssen die Gefäße, worin er enthalten ist, mit Papier, das man hin und wieder durchlöchert hat, oder mit lockerer Leinwand bedeckt werden.«

Aus diesen Versuchen erhellt, daß es zuverläßig besser ist den Saft der rohen Runkelrüben dem der gekochten vorzuziehen, wenn man im Großen arbeitet; da der erste mehr Rohzucker giebt, und viel weniger gefärbt ist, also leichter gereinigt werden kann[110]. Noch <43> ein anderer wesentlicher Vortheil hiebey ist, daß die Kosten auch auf die Art geringer werden, als sie nach Herrn Achard's Methoden ausfallen, da man hiebey weniger Brennmaterialien bedarf.

Die einzige Unannehmlichkeit hiebey wäre, daß es vielleicht etwas umständlich seyn würde, diese Wurzeln zu Brey zu machen; dies ließ sich aber leicht heben, wenn man zu arbeiten im Großen sich eine Mühle machen ließ, die noch leichter in Gang gebracht werden könnte, als die, die wir genommen haben, weil wir in dem Augenblick keine bequemere kannten.

Uebrigens ist es ganz klar, daß man Schabrnühlen – *Moulins à rape* – machen lassen kann, die, weil sie blos zu diesem Gebrauch bestimmt würden, leicht und ohne viele Kosten, alle die Rüben zu Mus machen könnten, die man brauchte[111]. <44>

Da wir in diesem dritten Theile einige Versuche erzählt haben, die wir anstellten, um die Methode, den Zucker aus den Runkelrüben zu erhalten, zu vervollkommnen[112], so erlauben wir uns folgende allgemeine Bemerkungen über die vorzüglichsten Thatsachen, die wir beobachteten, um die Schlüsse, die wir daraus machen werden, zu rechtfertigen. <45>

Allgemeine Bemerkungen über die vorhergehenden Versuche.

Unter den verschiedenen Mitteln, deren wir uns zum Ausziehen des Zuckers aus den Runkelrüben bedienten, ist der Alkohol dasjenige, wobey wir unsern Zweck

---

110 »Herr Achard scheint nicht dieser Meinung zu seyn, denn, obwohl er schon manches an seinem ersten Verfahren geändert hat, indem er es zu vervollkommnen strebt: so kocht er noch immer die Rüben, ehe er sie auspreßt. D. Uebers. «

111 »Herr D. Achard zerschneidet auch jetzt die Runkelrüben auf der Kartoffelmaschine, ehe er sie mir Kalkwaffer, oder auch Brunnenwasser kochen läßt.d. Uebers.

112 »Herr Prof. Göttling versichert in seinem Werke: Zuckerbereirung aus den Mangoldarten. Jena 1799, daß sich der Zuckerstoff weit leichter vom Schleimstoff absondere, wenn die Runkelrüben, in Scheiben geschnitten, an der Luft trocknen, als wenn man nach der bisherigen Methode den Saft aus ihnen presse. – Aus den getrockneten Runkelrüben zieht er durch mehrmaliges Aufgiessen desselben Wassers über mehrere Quantitäten Rüben den Zuckerstoff aus; das Wasser darf indeß auf jeder Quantität Rüben nur drey Stunden stehen. Auf diese Art soll man auf 100 Pfund Runkelrüben zwey und ein halb Pfund kristallisirten Zucker, und eben so viel Syrup erhalten. d. Uebers. «

am vollkommensten erreichten. Die Erfahrungen, die wir oben hierüber angeführt haben, beweisen unstreitbar, daß man durch ihn 2/32 aus einer gegebenen Menge frischer Runkelrüben erhalten kann: aber da dies viel zu kostbar werden würde, wenn man damit im Großen arbeiten, und uns diese Arbeit beweisen wollte, daß der Runkelrübenzucker nicht so theuer sey, als der aus dem Zuckerrohr, so haben wir uns Mühe gegeben, die Wahrheit dessen zu erforschen, was man bekannt gemacht hatte, nämlich: Ob das Verfahren des Herrn Achard wirklich ökonomischer sey, als das, wobei man sich des Alkohols bedient.

Aus dem, was wir in diesem Berichte gesagt haben, erhellt, daß 152 Theile frischer <46> Runkelrüben – nach Achard's Methode bearbeitet – 18 Th. Moscovade gegeben hatten; daß diese dunkelbraun sey, und wenig angenehm schmecke.

Wir haben angeführt, daß diese Moscovade nicht wohl, statt des gewöhnlichen Zuckers bey Speisen und Getränken gebraucht werden könne, wegen den vielen fremden Stoffen, die dieser Zucker enthält; daß es aber möglich sey, ihn durch genügsames Reinigen zur Vollkommenheit des Zuckers aus dem Zuckerrohr zu bringen.

Auch haben wir bemerkt, daß die Moscovade aus den Runkelrüben, verglichen mit der des Zuckerrohrs, bei ihrer Reinigung mit Alkohol 1/16 Zucker weniger, als diese letztere gebe.

Endlich haben wir, wiederholt versichert, daß der Rohzucker der Runkelrüben einen Verlust erleiden würde, wenn man ihn auf die gewöhnliche Art rafiniren wollte.

Nachdem wir alle diese Thatsachen vereinigt haben, versuchten wir den Preis des Runkelrübenzuckers in Frankreich zu bestimmen. Anfangs waren wir der Meinung, daß wir, um in <47> dieser Hinsicht einigermassen sicher zu seyn, nichts anders nöthig hätten, als unsere Ausgaben mit dem erhaltenen Produkte zu vergleichen: aber wir bemerkten bald, daß diese Art zu rechnen fehlerhaft sey. Wir sahen ein, daß der Zucker, den wir bei unserer Arbeit im Kleinen erhalten hatten, nothwendig theurer seyn muß, als wenn mau im Großen gearbeitet hätte; denn die Kosten würden nicht bedeutender gewesen seyn, wenn man statt mit 36 Kilogr. Runkelrüben, mit mehrern hundert Kilogr. operirt hätte. Wir entschlossen uns also unsere Rechnung anders einzurichten, und um sie nun genauer zu haben, verfuhren wir auf folgende Art:

Wir nahmen an, es sey im Großen mit dem Ertrag an Runkelrüben eines Ackers gearbeitet worden, dessen Flächeninhalt 3419 Meters im Quadrate – 900 Toisen im Quadrate – betrage.

Um die Menge dieses Ertrags zu kennen, wandten wir uns an verschiedene Ackersleute, die die Runkelrüben gewöhnlich bauten, Und erhielten denn von diesen Aufklärungen über dir Kosten des Pflanzens. <48>

Endlich berechneten wir alle Ausgaben der Bereitung. Das Resultat von allem diesem war:

1tens, Daß im Durchschnitte der Ertrag eines Stück Landes, das 3419 Quadrat Meters enthält, 25,000 Kilogr. – 50 Tausend – sey.

2tens, Daß alle Kosten für das Säen, Umackern, Düngen etc. etc. 250 Frauken betragen könne.

3tens, Daß in dieser Summe die Pfacht des Ackers nicht begriffen sey, da diese sich ganz gut durch die Blätter bezahle, die dem Viehe zum Futter dienen.

4tens, Daß die Kösten der Zuckerfabrikation sich auf 150 Franken belaufen würden. Es ist also nach dieser Berechnung augenscheinlich daß man mit 400 Franken sich nicht bloß 25,000 Kilogr. Runkelrüben verschaffen kann, sondern daß auch alle die Ausgaben damit bestritten werden können, die dazu erfordert werden, hieraus einen Syrup zu bereiten, der fähig ist, Moscovade zu geben. Nun blieb noch die Menge Rohzucker zu bestimmen übrig, die dieser Syrup geben kann. <49>

Wir konnten uns hierin leicht alle Aufklärung verschaffen, indem wir das Tagebuch unserer Versuche aufschlugen.

Da wir wußten, wie viel wir bey unsern Untersuchungen Moscovade von einer bestimmten Menge Runkelrüben erhalten hatten, so konnten wir daraus leicht abnehmen, was wir erhalten haben würden, wenn wir auf 25,000 Kilogr. dieser Wurzel gearbeitet hatten.

Das Resultat dieser Berechnung ist, daß 25,000 Kilogr. Runkelrüben ungefähr 391 Kilogr. oder 782 Pfund Moscovade geben würden, die aber wegen ihrem Verlust beym Rafiniren nur 224 Kilogr. oder 448 Pfund reinen Zucker geben werden, was also den Preis des Zuckers auf 18 Sols das Pfund setzen würde.

Dieser Preis ist also nicht hoch, und könnte noch geringer werden, wenn man, statt der Art zu verfahren des Herrn Achard eine andere Methode gefolgte, die die Zersetzung des Zuckers weniger begünstigte, und noch mäßiger Aufwand erforderte. Wenn nun also bey übrigens gleichen Umständen die Menge des Rohzuckers größer, und die Kösten sie zu <50> erhalten geringer werden, so muß also nothwendig der Preiß beträchtlich vermindert werden.

So vorteilhaft also die Gewinnung des Zuckers aus den Runkelrüben ist, so fehlt doch viel, daß sie es in dem Grade sey, wie Herr Achard es bekannt gemacht hat.

Inzwischen ehe wir diesen Chemisten der Uebertreibung beschuldigen können, müssen wir wissen, ob die Wurzeln, die er zu seinen Versuchen in Berlin brauchte, nicht zuckerreicher seyen, als die in Frankreich, und namentlich die aus den Gegenden von Paris, woher die Kommission die ihrigen bezogen hatte.

Auch müßten wir unterrichtet seyn, ob, wie Herr Achard vorgiebt, die Runkelrüben durch eine sorgfältige Kultur an Zucker reicher werden können, als sie gewöhnlich sind.

Kurz wir hätten die Runkelrüben von Berlin mit den Französischen vergleichen müssen.

In dieser Hinsicht hat die Kommission sich viele Mühe gegeben, aber bis hiehin war es ihr unmöglich, sich Runkelrüben von Berlin zu verschaffen. <51>

Uebrigens ist es wohl möglich, daß die Berliner Runkelrüben mehr Zucker enthielten, als die Französischen. In diesem Falle könnte man leicht begreifen, wie es kömmt, daß Herrn Achard der Zucker nur auf 60 Centimes, das Kilogr. oder 6 Sols das Pfund zu stehen gekommen ist.

Vielleicht giebt es Gegenden in einigen Departements von Frankreich, die der Kultur der weißen Runkelrüben günstiger sind, als die Ländereyen um Paris. Man hat hierüber schon angefangen, Versuche zu machen, wie versichert wird. Es ist also wahrscheinlich, daß man in Kurzem im Stande seyn werde, diese Fragen bestimmt zu beantworten.

Unterdessen wollen wir denjenigen, die sich dieser Art Arbeit unterziehen werden, zum Voraus sagen, daß, wenn sie selbst mehr Zucker aus ihren Runkelrüben erhalten sollten, wie wir aus den Unsrigen, sie dem ohngeachtet fortfahren müssen, die Verfahrungsart des Herrn Achard zu vervollkommnen, die, wie wir gezeigt haben, in einigen Punkten mangelhaft ist.

Man kann ohne Zweifel den Unvollkommenheiten leicht abhelfen, die sie wirklich hat, wenn <52> man mit einer großen Menge Runkelrüben arbeiten kann. Man hat es denn in seiner Gewalt das Verfahren stets abzuändern, und viele Versuche zu unternehmen, die uns Mangel an Zeit zu machen hinderte.

Auch muß man denjenigen, die sich mit dem Gewinnen des Zuckers aus den Runkelrüben beschäftigen wollen, einschärfen, alle die ganze Behandlung wohl kennen zu lernen, der man den Saft des Zuckerrohrs unterwirft, denn, da man mit diesem das Verfahren nach den Umständen, worin er sich befindet, abändert, so ist es zu vermuthen, daß es eben so mit dem Safte der Runkelrüben seyn wird, und daß, wenn man sich an eine Art binden wollte, zuverläßig ein großer Verlust entstehen müsse.

Endlich ist es auch nicht genug, daß man die Art kennt, den Rohzucker ans den Runkelrüben zu bereiten; auch die Wege muß man kennen, die am vortheilhaftesten sind, ihn zu reinigen. Denn man mag sagen, was man will, nie wird grosser Vortheil von diesem Rohzucker zu ziehen seyn, als wenn man ihn so reinigen wird, wie es seyn muß. Indessen giebt es noch viele Schwierigkeiten, ehe er so weit gereinigt werden wird, daß er vollkommen weisser Zucker wird.

Herr Achard versichert, daß er mehrere Zuckerhüte gemacht habe, die dem gewöhnlichen Käuflichen ganz gleich gewesen seyen. Aber er sagt nicht, wie er hierin verfahren sey, und was für Verlust er dabei erlitten habe. Es scheint sogar so wohl nach dem, was er bekannt gemacht hat, als nach Privatnachrichten, <53> die wir erhalten haben, daß er das wirkliche Oekonomische dieses Verfahrens noch nicht gefunden habe. Unterdessen hängt doch davon das Schicksal des Runkelrüben-Zuckers ab. Erst dann, wann dies bekannt ist, wird es möglich seyn, den Preis dieses Zuckers bestimmt festzusetzen.

Man wird sich wundern, daß wir bis hiehin nichts von dem Weingeiste, und Essig gesagt haben, den Herr Achard behauptet, daß man aus der Runkelrübe erhalten könne, indem man sie gähren lasse. Diese Produkte, welche den Vortheil noch vermehren sollen, den die Bearbeitung dieser Wurzel gewährt, scheinen uns nicht in Anschlag zu kommen; besonders wenn man, wie Herr Achard es verlangt, sich dazu des Abfalls bedient, der nach dem Auspressen der gekochten Rüben übrig bleibt.

Die Melasse, die man nach der Kristallisation des Rohzuckers, und die, welche, man bei dessen Reinigung erhält, können allein einigen Vortheil gewähren, wenn sie auf Brandewein benutzt werden. Die große Ähnlichkeit, die sie mit der Melasse des Zuckerrohrs haben, erlaubt hierüber keinen Zweifel. Es ist wahrscheinlich, daß der Brandewein, den sie geben, gut seyn wird, aber wir wissen nicht, wie doch sich die Kosten belaufen werden, die seine Bereitung erfordert.

Uebrigens haben wir nichts vernachlässigt, was dazu beitragen konnte, die Möglichkeit zu beweisen, die Runkelrüben so wohl in die geistige, als saure Gährung zu bringe. Hiedurch <54> durch haben wir gesehen, daß sie einen guten Weingeist geben können, daß aber der daraus erhaltene Essig zu schwach sey, als daß er aufbewahrt werden könne.

Folgerungen.

Das Resultat von diesem allem ist folgendes:

1tens, Es ist sicher, daß die Runkelrübe, die in Frankreich wächst, und die man an ihrem meisten Fleische kennt, das mit rothen Streifen durchzogen ist, so wohl Zucker enthalt, als dieselbe Art, die zu Berlin gewachsen ist, und mit der Herr Achard Versuche anstellte.

2tens, Man kann den Zucker auf verschiedene Art daraus erhalten, und ihm durch hinreichendes Reinigen alle Eigenschaften des Zuckers aus dem Zuckerrohr geben.

3tens, Die Menge Zucker, die diese Wurzel enthält, ist so bedeutend, daß sie die Mühe, ihn daraus zu ziehen, genugsam belohnt.

4tens, Wenn, wie Herr Achard behauptet, die Runkelrüben nach Willkühr reicher gemacht werden können, indem man ihre Kultur pflegt, so wäre zu wünschen, daß hierüber Versuche angestellt würden, um darüber zuverläßige Nachrichten zu haben.

5tens, Ohne Rücksicht auf diese Versuche wäre es vorteilhaft, wenn man wüßte, ob es unter <55> den verschiedenen Varietäten von Runkelrüben nicht einige gäbe, die mehr Zucker enthielten, als die, die Herr Achard als solche angiebt[113].

6tens, Angenommen, daß der Erfolg dieser zu machenden Versuche unserer Erwartung entspräche, so muß man, als erwiesen, annehmen, daß die Runkelrübe bis zu einem gewissen Punkt ein Surrogat des Zuckerrohrs abgeben kann.

7tens, Obschon es wahr ist, daß man ganz genau den Preis des Zuckers aus der Runkelrübe nicht eher bestimmen kann, bis man die Resultate dieser Operationen im Großen kennt, so kann man doch mit Grund vermuthen, daß dieser nicht höher, als der aus dem Zuckerrohr in gewöhnlichen Zeiten sich belaufen werde.

Marggraf ist zwar derjenige, dem wir die Entdeckung des Zuckers in den Runkelrüben verdanken, doch ist Herr Achard der erste, der davon einen glücklichen Gebrauch machte, indem er nicht bloß die Vortheile zeigte, die sie uns gewähren

[113] »Herr Jacquin bemerkte, daß die dem Stellvertreter beygefügte Abb. die Beta vulgaris vorstelle: die Beschreibung aber auf die Beta cycla altissima passe. Wen diese der Staats-Oekonomie, so wie der Menschheit überhaupt gleich wichtige Entdeckung näher interessirt, der kann sich in Scherer's Allg. Journal der Chimie im 2ten B., S. 219 und 567, 3ter B., S. 258, 4ter B., S.116, 318, 542 u. mehr Stellen weiter Auskunft verschaffen. – Wurzer.«

könnte, sondern auch das Verfahren bekannt machte, wodurch es leicht wird, diese Vortheile zu realisiren. <56>

Das sind die Folgerungen, die eure Kommissäre aus ihren Versuchen über die Runkelrüben ziehen. Indem wir diese der Klasse überreichen, sind wir weit entfernt zu glauben, daß wir diesen Gegenstand erschöpft hätten; wir sind im Gegentheil der Meinung, daß dies Geschäft noch lang nicht den Grad der Vollkommenheit erreicht hat, den es erreichen kann, erreichen wird, wenn Männer sich damit abgeben werde, die diese Arbeit, als einen Handelszweige betrachten, und nichts ausser Acht lassen, was den Preis vermindern und das Produkt vermehren kann.,

Ueber dies gestehen wir der Klasse freimütig, daß wir beym Anfänge unserer Arbeit, die erhaltenen Resultate nicht erwarteten. Wir mußten unsere Versuche öfter wiederholen, ehe wir überzeugt waren, daß ihre Ergebnisse von der Art seyen, daß man darauf füssen könne.

Unsere Zweifel sind jetzt verschwunden. Nichts bleibt uns zu wünschen übrig, als daß man Versuche mehr im Großen anstellen möge, als die Unserigen waren, um vollends der Arbeit des Herrn Achard die Authenticität zu verschaffen, die sie in vollem Maase verdient, und um diesem Gelehrten dadurch de Dank zu verbürgen, den man ihm schuldig ist

Druckfehler: Auf dem Titelblatt lese man in den Namen, Deyeux statt Feyeux.

1801 Juni 24 Testament Seiner Königlichen Hoheit des Kurfürsten von Kölln [Max Franz], welches am 28. July 1801 eröfnet worden[114]

zugunsten des Bruders Erzherzog Ferdinand

Im Namen der allerheiligsten unzertheilten Dreyfaltigkeit, des Vaters, des Sohnes, des heiligen Geistes. Amen.

[114] Fundstelle: (von Seida und Landensberg, 1803, S. 120 ff)

1801 Juni 24 Testament Seiner Königlichen Hoheit des Kurfürsten von Kölln [Max Franz], welches am 28. July 1801 eröfnet worden

Wir Maximilian Franz, Erzbischof und Kurfürst zu Kölln, königlicher Prinz von Ungarn und Böhmen, Erzherzog zu Oesterreich, Hoch- und Teutsch-Meister und Fürstbischof zu Münster etc. etc. urkunden und bekennen hiemit zu eines jeden Nachricht, besonders jenen, welchen es zu wissen eigends daran gelegen ist, daß Wir, in Erwägung der gewissen Sterblichkeit aller Menschen, der ungewissen Stunde aber, in welcher der Herr über Leben und Tod Uns aus diesem vergänglichen Leben abberufen werde. Uns unter dem heutigen zu Ende bemerkten Tage, Monat und Jahr mit gutem Vorbedacht entschlossen haben, <121> bey Unserm, dem Allerhöchsten sey Dank, annoch, guten Leibes- und vollkommenen Seelen- und Geisteskräften, nach der Uns in Unsers teutschen Ritter- Ordens im Jahre 1769 begangenen Generalkapitel ertheilter und verwilligter Lizenz und Fakultät, Unsere letzte Willensmeinung andurch zu fassen und zu verordnen, wie es mit Unserer Nachlassenschaft nach Unsern in Gottes Hand stehenden Hintritt gehalten werden solle. Errichten demnach dieses Testament, letzte Willensmeinung, oder wie solches genennet werden will, und es *omni meliori modo* geschehen und bestehen kann und mag. –

1) Kommt einstens der in Ansehung Unser über kurz oder lang von dem Allerhöchsten bestimmte Augenblick, wo Seel und Leib sich von einander trennen sollen, so übergeben Wir anvorderst Unsere Seele in die Hände Unsers Heilandes und Erlösers, den entseelten Leichnam aber überlassen Wir alsdann wieder der Erde, woher er genommen ist; verordnen aber dabey insbesondere , daß er in jenem Unserer Lande, Erz- oder Hochstift, wo Wir das Zeitliche mit dem Ewigen verwechseln werden, gebräuchlichermassen, doch mit möglichster, nach Zeit-Umständen zu mindernden Kosten, beerdiget werde. Wenn aber der Sterbefall entfernt von Unsern Landen, und etwa in den kaiserlichen Erblanden geschehen sollte, so wollen Wir gleich andern Unsrigen Geschwistrigen in Unsere Familiengruft zu Wien bey den *Patribus capucinis* begraben, ansonsten aber in das nächstanstandige Begräbniß ohne Gepränge, mit bloßer Inschrift beerdiget werden.

2) Und gleichwie hinsichtlich der <122> zeitlichen Verlassenschaft die Einsetzung eines Erbens die Grundveste eines jeden Testaments ist, so ernennen, berufen und instituiren Wir hiemit und in Kraft dieses den drittgebornen Sohn Unsers innigst geliebten Herrn Bruders, Erzherzogs Ferdinand, nämlich Sr. Liebden Unsern in dem Teutsch-Orden in die Balley Franken auf- und angenommenen Nepoten Maximilian, Erzherzog zu Oesterreich, dem Wir in der heiligen Taufe Unsern Namen beygelegt haben, zu Unserm

eigends und wohlbedachtlich gewählten Universalerben Unsers sämmtlichen zeitlichen Vermögens, an Baarschaft, verbrieft - oder unverbrieften Kapitalien, Silber, Gold, Juwelen, Kleinodien, und was immer zu dem Uns eigenthümlich zustehenden Vermögen, Haabe und Gut, und hierunter dann auch dasjenige, so Wir aus Mitteln Unserer Chatouille hier und dort akquiriret haben möchten, und als Privat-Eigenthum besitzen, und was nur immer darunter gehören mag, welches Alles Unserm eingesetzten Universalerben, Erzherzog Maximilian, und zwar also unbedingt anheim fallen solle, daß des Universalerben Eintritt oder Nichteintritt in den teutschen Orden daran gar keine Abänderung mache. —

3) Verordnen, legiren und vermachen Wir jedem unserer Stifter, nämlich dem kurköllnischen Erzstift, dem Teutschorden und dem Hochstifte Münster alle in dessen Landes-Rentenkammer- und allen sonstigen zum Stift und Orden gehörigen Kassen {Freudenthal mitbegriffen} am Tage Unsers Ablebens sich vorfindlichen Gelder, Forderungen *nondum perceptorum et percipiendorum*, Restanten und überhaupt <123> alles, was Wir bis auf befragten Sterbetag nicht wirklich schon an Uns und in Unsere Privatkassen bezogen haben, und zwar so, daß dieses alles, ohne daß Unser Universalerbe hierauf einigen Anspruch zu machen befugt seyn solle, bey den betreffenden Fürstenthümern und deren einzelnen Kassen verbleiben und belassen werden soll, um alle Stockung im Fortgange der gewöhnlichen Zahlungen und Geschäften zu meiden. Und da ausser dem vorbesagten

4) Unserm instituirten Universalerben, Erzherzog Maximilian, Unser ganzes eigenthümliches Vermögen, und unter diesem auch der aus den Beyträgen der verschiedenen Stifter zusammengesetzte Oekonomie-Kommissionsvorrath anheim fällt, so wollen und verordnen Wir, daß aus dieser Kasse die verschiedentlich im Gebrauch gehabten Inventarien fordersamst ergänzt, hergestellt und der Abgang vergütet werde, und nur diesem vorhergegangen der verbleibende Ueberschuß zur Universalerbschaft gezogen werden dürfte, welche den etwa größern Abgang der Inventarien *in subsidium* der Oekonomiekasse zu tragen schuldig bliebe; hingegen bleiben die etwanigen Vermehrungen des *Inventarii*, sobald sie demselben eingetragen sind, ein Eigenthum der Häuser oder Stifter, ohne daß der Universalerbe solche oder ihren Werth reklamiren dürfte. —

5) Verordnen und legiren Wir als ein unnachläßiges Vermächtniß und respektive Stiftung, pro anniversario, für meine arme Seele jährlich *in die obitus*

zu halten, 10,000 Gulden rheinisch für die Erzkirche und Wohnsitz des kurköllnischen Domkapitels, und eben so viel, nämlich 10,000 <124> Gulden rhein. nach der Domkirche zu Münster zu gleichem Behuf und Zweck. –

6) Unserm Kammerdiener Heibel soll wegen seiner treugeleisteten langjährigen Dienste von Unserm Universalerben ein jährliches Gnadengehalt von 1,200 Gulden Reichswährung, oder 1,000 Gulden Wienerischen Kours, in Monat, oder Quartal-Ratis an einem von Heibel sich selbst zu wählenden Ort Zeitlebens ausbezahlt werden, so daß er Heibel, für die Beziehung dieses Gnadengehalts keine Dienstleistung mehr, wie sie Namen haben möge, zu leisten schuldig seyn soll. –

7) Uebrigens sehen Wir auf Unsere Regierungs-Nachfolger in Unsern verschiedenen Fürstenthümern Unser volles Vertrauen, daß sie die Gehülfen Unserer Bemühungen für das Beste der Länder nicht verstoßen, und jene Gnadengehalte, so sich meist auf besonders lange oder ersprießliche Dienste des Landes gründen, nicht einziehen werden, sondern solchen ihre Anstellung und Gehalte ohne Abbruch kontinuiren werden wollen.

8) Die Vollstreckung und Exekuzion dieses Unsers Testaments und was Hinsichtlich der Verlassenschafts-Abhandlung dahin geeignet sey, überlassen Wir jenem Unserer Fürstenthümer, in welchem Wir mit Tode abgehen, ausser denenselben aber dem Teutschorden, oder Unserm vielgeliebten Koadjutori und Regierung-Nachfolger. Jener Stelle, der die Exekuzion hiemit aufgetragen wird, tragen Wir auch die Reservazion, Inventarisazion, kurz, die ganze Erbschaftsabhandlung auf.

9) Behalten Wir Uns, wie es ohnehin Rechtens ist, noch ausdrücklich bevor, so wie allenfalls <125> überhaupt dieses Testament und Unsere letzte Willensmeinung ganz oder zum Theil aufzuheben und abzuändern, also auch insonderheit ein oder mehrere Kodizille nach Gefallen nachzutragen; erklären somit zum Voraus, daß der- oder diejenigen Nachträge, welche sich nach Unserm Ableben entweder durchaus von Unsrer eignen Hand, oder wenigstens mit Unsrer Hand unterschrieben und beygedrucktem gewohnlichen Pettschaft vorfinden werden, eben dieselbe Kraft und Wirkung haben sollen, als ob sie schon jetzt dem gegenwärtig verfaßten Testament eingetragen, wären. –

10) Wie Wir nun dieses Unser Testament und letzte Willensmeinung, so von Unserm ernannten und eingesetzten Erben, Erzherzog Maximilian,

hauptsächlich der Legaten und Anordnungen wegen, stracks und ohnmangelbar erfüllt, auch benanntes Testament in allen Punkten allenthalben gehandhabet werden solle, nochmals dem ganzen Inhalt nach wiederholen und bestätigen, so wollen, erklären und bedingen Wir auch

11) Wenn diese Unsere testamentarische Verordnung einiger Ursache wegen, und Mangels halber nicht als ein zierlicher letzter Wille gelten oder kräftig seyn könnte, daß diese doch als ein *Codicill donatio mortis causa* oder andere Disposizion, wie dieselbe sonst nach Recht und Gewohnheit am kräftigsten gelten kann, daher kurz und alles gesagt *in vim Clausulae codicillaris, omni quo potest meliori modo*, beständig und kräftig seyn solle. <126>

In Urkund dessen Allen haben Wir dieses Unser zweymal gleichlautend eigenhändig ausgefertigtes Testament, und unter obbesagter *Clausula codicillari* errichtete letzte Willensanordnung eigenhändig ge- und unterschrieben, welches dann auch von den eigends zusammen berufenen und diesfalls erbettenen Zeugen, denen Wir dieses Testament mit der ausdrücklichen Erklärung, daß hierin Unser letzter Willen enthalten, vorgelegt haben, unterschrieben, von Uns und von ihnen in- und auswärts besiegelt worden, und welches alles *in uno actu continuo* geschehen, alsdann aber das eine Original-Exemplar Unserer Hoch- und Teutschmeisterischen Regierung zu Mergentheim, um es in dem dortigen Archive verwahrlich zu hinterlegen, das andere Original-Exemplar aber zu dem Ende und in der Absicht und mit der Anordnung bey Uns und unter eigener Verwahrung behalten haben, daß, wenn etwa das eine oder andere Original-Exemplar durch Zufall entkommen sollte, jenes wie dieses, und dieses wie jenes seine volle Gültigkeit, Kraft und Wirkung haben solle. So geschehen, unterschrieben und besiegelt in der Landkommende der Teutsch-Ordens-Balley Oesterreich, als Unserm dermaligen Wohnungs-Aufenthalt.

Wien, den 24. Juny 1801.

(L.S.) Maximilian Franz, Kurfürst zu Kölln, Hoch- und Teutschmeister, und Fürst-Bischof zu Münster. <127>

(L.S.) Als erbettener Zeuge, Franz, Fürst zu Hohenlohe, Dom-Scholaster von Kölln.

(L.S.) Balthasar Freyherr v. Mylius, Dom-Kapitular zu Kölln, als ersuchter Zeuge.

(L.S.) Karl Graf und Herr v. Zinzendorf, Land-Kommenthur der Balley Oesterreich; aller erbettener Zeuge.

(L.S.) C. F. Freyherr v. Forstmeister, Land-Kommandeur der Balley Koblenz; als erbettener Zeuge.

(L.S.) Matthias von Ketteler, Dom-Kustos und Kapitular zu Münster; als erbettener Zeuge.

(L.S.) Christoph, Graf v. Kesselstadt, Dom-Kustos und Kapitular zu Münster; als erbettener Zeuge.

(L.S.) Franz Wilhelm, Freyherr v. Asbeck, kurköllnischer Kammerherr; als erbettener Zeuge.

1814 J.C.F. Ladoucette[115]: »Voyage fait en 1813 et 1814 dans les Pays entre Meuse et Rhin«[116], Auszug

Lettre X.

Brühl. — Son château. — Cardinal Mazarin. — Terre d'Ombre. — Ancien bras du Rhin. — Liblar. — Lechnich.

Le canton de Brühl s'étend, sur les bords du Rhin, dans une situation charmante. L'horizon est ici bordé de la chaîne de montagnes qui, en longeant le fleuve, descendent d'Andernach à Bonn, et offrent des aspects sauvages et de belles horreurs; en s'éloignant du Rhin, elles montrent les plus riantes perspectives, et se terminent sur la rive droite, auprès du bourg d'Unkel, au Godesberg, lieux fameux chez nos romanciers, et que visitent souvent les voyageurs. Je pourrais vous faire des dissertations sur les basaltes que l'on trouve

[115] Jean Charles François de Ladoucette (* 4. Oktober 1772 in Nancy; † 10. März 1848 in Paris) war ein französischer Politiker und Schriftsteller; 1809 geadelt.

[116] Paris/Aachen 1818; BSB München, Signatur It. sing. 1419 q; urn:nbn:de.bvb:12-bsb10469005-7.

dans cette chaîne, où ils attestent l'ancien séjour des volcans, et sur le trass qu'on tire des débris de ces laves poreuses, et dont on fait un ciment qui se durcit dans l'eau: mais je ne dois vous entretenir que du département de la Roër. Veuillez donc me suivre dans la ville de Brühl. Elle a une population de 4,000 âmes; elle est bien bâtie et entourée de murs, à 6,000 mètres du Rhin, et à 8,000 de Cologne, dont les habitans y viennent fréquemment en parties de plaisir. La *kermesse* ou fête patronale de Brühl est renommée. Elle remonte peut-être au temps des <86> *Minnesanger* {chantres de l'amour}. Ces troubadours de l'Allemagne, auxquels elle doit sa poésie, allaient célébrant les charmes des belles et les exploits des paladins, ou colorant de leur imagination brillante les préceptes de la morale et les mystères de la religion. Un établissement d'instruction publique a remplacé le couvent des récollets de Brühl. Ce qu'on trouve ici de plus remarquable, c'est le château des Électeurs.

Je ne parle pas de celui que construisit, en 1262, Engelbert de Falkenberg, lorsque les Colonais chassèrent ce prince. Ses successeurs en firent une forteresse qui fut prise, en 1317, après un siège de quatre mois. Gebhard Truchses {dont j'ai parlé dans ma huitième lettre} s'y défendit quelque temps avec sa belle Amélie [richtig: Agnes] Mansfeld. La place était démantelée, lorsque le cardinal Mazarin, poursuivi par la fronde, y chercha un asile. C'est du château de Brühl que ce ministre si délié continua, quoique proscrit, à gouverner Anne d'Autriche et la France. L'électeur Joseph-Clément, allié de Louis XIV, et poursuivi par les troupes de l'empereur, quitta Brühl, et se retira à Cambrai, où il se fit chérir par sa générosité, et où il fut sacré par Fénelon. Il mourut en 1723. Son successeur Clément-Auguste de Bavière, l'un des princes les plus magnifiques de son temps, éleva le nouveau château de Brühl et l'orna d'un parc et de jardins sur les plans et dessins d'un architecte italien, nommé Carlone[117]. L'escalier, qui est en stuc, peut passer pour un chef-d'œuvre de grandeur, de richesse <88> et de beauté. Sa coupole a une perspective aérienne qui éclaire un brillant tableau allégorique en l'honneur de Clément-Auguste. On peut reprocher à Carlone l'emploi de trop de couleurs tendres, comme le bleu d'azur, le rose et la pêche; cependant il leur a donné une rare solidité. Dans plusieurs appartemens on voit des portraits de femmes, qui attestent la galanterie et le bon goût de Clément-Auguste. Dans le parc et les jardins sont des bassins superbes, une grande orangerie, une

---

[117] Carlo Innocenzo Carlone (* November 1686 in Scaria; † 17. Mai 1775 ebenda) war ein lombardischer Maler und Freskant.

réunion de plantes curieuses, d'arbres exotiques, et le pavillon chinois sans-gêne; on va par une allée de tilleuls dans un bocage où est le petit château de Fauconnerie {*Falkenlust*}, avec une belle chapelle de rocailles.

Le château de Brühl était à la Légion-d'Honneur, et l'on désirait y voir former, comme succursale d'Ecouen[118], un pensionnat pour les jeunes orphelines des braves nés sur les bords du Rhin. Il venait d'être donné au prince d'Eckmühl[119]. Quand viendra la paix durable qui permettra à ce général de goûter les douceurs du repos dans les jardins de Brühl?

Le canton produit beaucoup de grains, mais un vin très-médiocre. Les tanneries et mégisseries de Wesseling y profitent de petits ruisseaux dont la réunion alimente ensuite à Cologne de riches établissemens de ce genre.

Il partage avec les cantons de Kerpen, Weiden, Lechnich et Bergheim, les gissemens de bois fossile terreux, dit terre d'ombre, *braunkohl* ou terre de Cologne. [...]

1828 Johanna Schopenhauer: Das alte Godesberger Schloss [= die Godesburg] [120]

Märchen und Erzählungen

Ich hörte einmal ein Märchen erzählen von einem hübschen jungen Riesenkinde, das, um sich einmal im Freien zu ergehen, aus der Burg seines Vaters, des Riesen, sich herausschlich. Es begegnete allerlei artigen, niegesehenen Dingen, Ochsen, Schafen, Pferden, hinter dem Pfluge gehenden Bauern, packte das Alles zusammen in seine Schürze und trug es zu seinem Vater,

---

[118] Écouen ist eine französische Gemeinde mit 7125 Einwohnern (Stand 1. Januar 2019) im Département Val-d'Oise.

[119] Louis-Nicolas d'Avoût, duc d'Auerstedt, prince d'Eckmühl et de l'empire (* 10. Mai 1770 in Annoux, Département Yonne, Burgund; † 1. Juni 1823 in Paris) war ein französischer General, Pair und Maréchal d'Empire.

[120] aus: Ausflucht an den Niederrhein und nach Belgien 1828, S. 103 ff; nach: http://gutenberg.spiegel.de/buch/1444/6 am 11.6.2012.

um ihm das niedliche, durcheinander zappelnde Spielzeug zu zeigen, das es unterweges gefunden. Der Papa liess es aber darüber hart an und befahl ihm, jedes Ding sogleich wieder an seinen Ort zu tragen.

Dieses Märchen ist mir beim Anblick der Ruine von Schloss Godesberg oft eingefallen, denn eine zierlichere als diese, mit den ausgezackten Mauern und dem einzelnen schönen Thurm kann es kaum noch geben. Hätte das Riesenkind sie auf seinem Wege getroffen, es hätte sie gewiss mitgenommen, um sein Putzschränkchen damit zu zieren. Sie erinnert ganz an jene, bis in die kleinsten Details treuen Nachbildungen altrömischer Ruinen in Kork, durch die es möglich wurde, sogar das Coliseum als Plateau auf die Tafel zu stellen.

Wenn man diese Ruine [siehe Abb. 40] recht betrachtet, ist es kaum möglich, sie sich anders zu denken als in ihrer jetzigen Gestalt; es ist, als wäre sie zum Schmucke der Gegend gerade so erbaut worden, als sie jetzt erscheint. Sogar der Berg, auf dem sie steht, und der dem Siebengebirge gegenüber wol nur ein Hügel genannt zu werden verdient, gleicht ganz der Idee, welche im flachen Lande aufgewachsene Kinder von einem Berge sich gewöhnlich bilden; ganz isolirt, ringsum von ebenem Lande umgeben steht er da, in schöner abgerundeter Form, erhebt die wie mit einer Mauernkrone geschmückte Scheitel hoch über das an seinem Fusse sich anschmiegende Dorf Godesberg und ist, ungeachtet seiner verhältnissmässig geringen Höhe weit und breit im Lande zu schauen; immer, besonders im Abendlicht, bildet er einen Gesichtspunkt, auf welchem das Auge vorzugsweise gern verweilt. Die Aussicht von diesem Berge herab gehört zu den schönsten und ausgebreitetsten am Rhein, dessen Lauf zwischen den reizendsten und bebautesten Fluren man ganz übersieht, von der Wendung, die er am Fusse des Siebengebirges nimmt, bis zu der im Mittelgrund sich erhebenden Stadt Bonn, und weiter hinaus bis wo am fernen Horizonte, von Nebeln umdämmert, die alte vielgethürmte Stadt Köln sich zeigt.

Ein höchst anmuthiger Fusspfad, von wildem Gebüsch und Bäumen umschattet, führt von der Seite des Sauerbrunnens so allmälig zu der Ruine hinauf, dass man erstaunt ist, sich schon am Ziele zu finden, wenn man glaubt, dass das Steigen erst recht angehen solle. Der andere, zum Theil gepflasterte Weg vom Dorfe aus ist vielleicht etwas näher, aber viel steiler und unbequemer. Eigentlich ist er der Kirchweg, denn die kleine [Michaels-]Kapelle [siehe Abb. 39], zu welcher die Einwohner von Godesberg alle Sonn- und

Festtage hinaufsteigen, um die Messe zu hören, liegt ebenfalls auf dieser Höhe, etwas unterhalb der Ruine in einer Ecke, sodass man sie von unten aus kaum gewahr wird, und rings um sie her ruhen die Todten unter ihren kleinen grasbewachsenen Hügeln von ihrem stillen arbeitsmüden Leben aus. Und wenn die Abendglocke ertönt und die sinkende Sonne mit goldenem Schimmer die niedrigen Gräber verklärt, findet man immer von der Arbeit heimkehrende Weiber und Mädchen an dieser Stätte vor dem kleinen Muttergottesbilde in stiller Andacht ihr Abendgebet halten.

Der schöne Berg war schon seit uralter Zeit ein der Anbetung des höchsten Wesens geweihter Altar, zu welchem selbst die Natur bei seiner Entstehung durch die Gestalt, die sie ihm gab, ihn bestimmt zu haben scheint. Darum heisst er auch der Godesberg oder Gottesberg, was in der hiesigen weicheren plattdeutschen Mundart die nämliche Bedeutung hat. Schon die alten Germanen hatten ihn der Verehrung ihres Gottes der Götter, Wodan, gewidmet, und ihre Opferfeuer leuchteten von der schönen Höhe weit und breit durch die Gauen.

In dem, unfern Godesberg, bei Königswinter, jenseit des Rheines belegenen alten Kloster Heisterbach, das leider, mit einer der dunkelsten Zeiten würdigen Barbarei, erst vor wenigen Jahren zerstört wurde, um die Quadersteine, aus denen es erbaut war, zu anderweitigen Bauten zu benutzen, lebte im dreizehnten Jahrhundert ein gelehrter Mönch, Cesarius van Heisterbach, aus dessen nachgelassenen Schriften hervorgeht, dass dieser Berg noch zu seiner Zeit der Wodansberg hiess, obgleich viele Jahrhunderte früher, als die Römer die Oberherrschaft über den Rhein gewonnen, Wodan dem Jupiter hatte weichen müssen und der Berg von den Römern »Mons Jovis« genannt wurde. Ein altrömischer, dem Aeskulap geweihter Votivstein [siehe Abb. Xxx], der im sechzehnten Jahrhundert auf dem Godesberge ausgegraben wurde und jetzt in Bonn in dem Museum der rheinisch-westfälischen Alterthümer bewahrt wird, beweist, dass die Römer sogar die Heilquelle bei Godesberg schon gekannt haben, die wahrscheinlich damals bedeutendere Kräfte gehabt haben mag, als in unsern Tagen. Das Christenthum vertrieb endlich der alten Götter bunt Gewimmel, und Maria, die huldreiche Himmelskönigin, zog an die Stelle des Donnerers ein, wo man ihr die kleine Kapelle erbaute, in welcher die Bewohner von Godesberg sich zum Gottesdienste versammeln.

Das alte Schloss, dessen malerische Trümmer jetzt vor uns liegen, wurde im Jahre zwölfhundertzehn von Theodorich, Erzbischof zu Köln, erbaut, wahrscheinlich an der nämlichen Stelle, wo in grauer Vorzeit Wodans Opferfeuer flammten und dem mächtigen Zeus Altäre errichtet waren. Wunderlich genug, wurde dieser Bau von dem, wegen unerlaubten Wuchers confiscirten Vermögen eines reichen Juden bestritten, wie die kölner Chronik erzählt.

Die Ruinen des Schlosses bleiben für kommende Jahrhunderte das dauernde Denkmal einer heissen, kein Opfer scheuenden Liebe. Gebhard von Truchses, Kurfürst von Köln, brachte im Jahre funfzehnhundertdreiundachtzig seine Gemahlin, die schöne Agnes, Gräfin von Mansfeld, hieher in Sicherheit[121], als er wegen seiner Vermählung mit ihr und seinem auf diesen folgenden Uebertritt zum protestantischen Glauben aus Köln flüchten musste. Unter dem Schutze einer holländischen Besatzung musste die schöne Fürstin einige Zeit ohne ihren Gemahl auf Schloss Godesberg verweilen, ihr muthiges edles Benehmen, ihre Anmuth, ihr trübes Geschick befeuerten den Muth ihrer Vertheidiger zum tapfersten Widerstande gegen den Herzog Ferdinand von Baiern, der die feste Burg lange Zeit belagert hielt, und um ihrer Herr zu werden, sie endlich unterminiren und in die Luft sprengen liess.

Diese Mauern liegen nun schon seit beinahe zweihundert Jahren in ihrem jetzigen Zustande da, aber mitten im Verfall schwebte ein schützender Genius über sie; über den Ort, zu welchem Schönheit und Liebe einst flüchteten, durfte die Zerstörung nicht ihre voll Gewalt ausüben. Die malerische Form wurde den Trümmern wenigstens erhalten, durch die sie selbst in dieser, an Denkmälern einer rauheren Vorzeit so überreichen Gegend vor vielen andern sich auszeichnen.

Die Strasse, welche, nahe am Fusse des Godesberges vorbei, von Bonn nach Remagen führt, ist eigentlich die alte »Via Aurelia«. Karl Theodor, Kurfürst von der Pfalz, war der Erste, der im Jahre siebzehnhundertachtundsechzig begann, die am linken Rheinufer hinführende Strasse wegsam machen zu lassen, welche bis dahin in einem furchtbaren Zustande sich befand, sodass Reisende, bei hohem Wasserstande des Rheines, nicht ohne Lebensgefahr sie zu passiren wagen durften. Seit dem Anfange dieses Jahrhunderts ist sie freilich unter französischer Oberherrschaft eine der schönsten Chausseen in Deutschland geworden; aber auch jener erste Versuch eines deutschen

[121] Nicht zutreffend.

Fürsten, zu einer Zeit, wo noch wenig an dergleichen gedacht wurde, darf darüber nicht vergessen werden.

Viele Alterthümer, welche die Existenz der alten römischen Strasse an der nämlichen Stelle bewiesen, kamen unter Karl Theodor bei Anlegung der neuen Strasse wieder an's Tageslicht, unter andern ein römischer Meilenzeiger[122], dessen Inschrift bewies, dass Marc Aurel und Lucius Verus hier eine Strasse hatten erbauen lassen; dieser Stein, nebst den übrigen Alterthümern, wurde nach Manheim gebracht, aber auf Veranstaltung des damaligen Ministers, Graf Gollstein, wurde die Stelle, wo er gefunden worden, durch ein Denkmal bezeichnet, das noch besteht. Interessanter wäre es freilich, wenn man den Stein an dem Platze wieder aufgestellt hätte, den er vor vielen Jahrhunderten eingenommen. [siehe Abb. 38]

Und so wandelt man hier ewig auf klassischem Boden, man mag die Schritte hinwenden, wohin man will. Ueberbleibsel jener gewaltigen Vorzeit, während welcher die alte Weltbeherrscherin auch dieses schöne Land ihrem mächtigen Arm unterworfen hielt, werden noch immer in Feldern und Weinbergen ausgegraben, obgleich die Zahl und Bedeutung des schon Gefundenen sich kaum noch übersehen lässt. Was an grössern Alterthümern, an Votivsteinen, Denkmälern, Säulen, Basreliefs sich noch vorfindet, wird mit Sorgfalt gesammelt und nach Bonn in das Museum gebracht; doch Münzen, Hausgeräthe, Schmuck und kleine Götterbilder aus Bronze werden häufig der Aufmerksamkeit der darüber Wachenden entzogen und kommen, ob um geringen Preis, in die Hände der Liebhaber und Sammler, deren Anzahl in diesem Lande nicht unbedeutend ist. Dieser Misbrauch, wie Manche ihn vielleicht nennen würden, hat doch auch seine gute und lobenswerthe Seite, das Interesse an Kunst und Alterthum wird dadurch wach erhalten und verbreitet; und merkwürdige Stücke machen, einzeln gesehen, einen weit grösseren, lebendigeren und bleibenderen Eindruck, als wenn man gezwungen ist, sie in einer grossen öffentlichen Sammlung kaum obenhin zu betrachten.

---

[122] "Den unter den Kaisern Marcus Aurelius und Lucius Verus im Jahre Christi 162 angelegten Weg hat Karl Theodor, Kurfürst von der Pfalz, Herzog von Bayern, Jülich, Cleve und Berg wiederhergestellt und erweitert im Jahre 1768. Sein Statthalter, Graf Johann Ludwig von Goldstein, ließ für seinen Fürsten diesen Gedenkstein errichten." - Siehe General-Anzeiger Bonn vom 13.07.2018: https://ga.de/region/ahr-und-rhein/remagen/remagener-obelisk-erinnert-an-roemischen-meilenstein_aid-43832081

Viele von den kleineren Antiquitäten, die in diesen Gegenden gefunden worden, sind von seltener Schönheit und höchst beachtenswerth, sowol durch ihre Form als durch die Vollendung, mit der sie gearbeitet sind. So sah ich in den Händen eines Kunstfreundes aus der Umgegend, der alljährlich den Sommer in Godesberg zubringt, mehrere äusserst merkwürdige Isisbilder von Bronze, die auf den Feldern ringsumher gelegentlich ausgegraben worden waren, unter andern auch eine sehr elegant geformte Lampe, die man gleich, sowie sie da ist, an dem nämlichen zierlichen Kettchen in seinem Schreibecabinete aufhängen könnte, an welchem sie hing, als sie vor mehr als tausend Jahren den Herd einer alten Römerin beleuchtete. Selbst das kleine Zängelchen zum Aufschüren des Dochtes hängt noch an seinem Kettchen.

Eines seltenen Werkes aus einer späteren, aber uns doch immer noch sehr fernliegenden Zeit, welches der nämliche eben erwähnte Kunstfreund besitzt und es so hoch hält, dass er fast nie sich davon trennt, muss ich hier noch gedenken, einer ganz durchaus wohlerhaltenen Abschrift der Bibel[123] aus dem neunten Jahrhundert, wie vielleicht keine königliche oder fürstliche Bibliothek eine merkwürdigere aufzuweisen hat. Rabanus Maurus[124], Abt zu Fulda, späterhin Erzbischof von Mainz, der im Jahre achthundertsechsundfunfzig am vierten Februar gestorben ist, machte mit diesem kostbaren Werke dem Kaiser Ludwig dem Deutschen ein für jene Zeit wahrhaft fürstliches Geschenk, als ihn derselbe in seiner Abtei zu Fulda besuchte. Rabanus war ein hochgelehrter Mann und dabei der berühmteste Theolog seiner Zeit, aber er war auch zugleich ein eifriger Freund und Beförderer der Kunst und suchte, von seinem eigenen Genie geleitet, sie aus dem Dunkel aufzureissen, in welchem sie in jener düstern Zeit tief versunken lag. Er bemühte sich mit grossem Ernst, seine Kirche mit Kunstwerken aus Metall, mit kunstvoll gearbeitetem Schnitzwerk, mit aus Silber und Gold getriebenem und mit

---

[123] Nicht identiziert; der Zusammenhang Hrabanus / Ludwig der Deutsche / Bibel ist sehr ungewiß.

[124] Hrabanus Maurus (auch: Rabanus oder Rhabanus, auch deutsch Hraban oder Raban, Rhaban; * um 780 in Mainz; † 4. Februar 856 in Winkel im Rheingau) war Mönch und von 822 bis 842 Abt des Klosters Fulda, Priester und Mainzer Erzbischof, Universalgelehrter, Lehrer und Autor. Als Gelehrter, Abt und Erzbischof gehört er zu den bedeutenden Gestalten der als karolingische Renaissance bezeichneten Umbruchzeit des 9. Jahrhunderts und stand in einem Nahverhältnis zu Kaiser Ludwig dem Frommen und dessen Gemahlin Kaiserin Judith.

Edelsteinen besetztem Kirchengeräthe zu schmücken, hielt aber vor Allem seine ihm untergebenen Mönche zum Fleisse und zur Erweiterung ihrer Kenntnisse an. Unter seiner Aufsicht und Leitung wurden sie im Schönschreiben und in der damals zur Verzierung der Andachtsbücher üblichen Miniaturmalerei unterrichtet, und die Werke dieser von ihm gestifteten Schule werden noch heutiges Tages von Kennern hochgehalten und in grossen Bibliotheken als seltene Denkmäler jener Zeit sorgfältig aufbewahrt.

Der berühmteste Zögling des Abtes Rabanus war Ottfried, der schon damals die Bücher der Evangelisten ins Deutsche übersetzte, und von dessen Hand die kaiserliche Bibliothek in Wien ein seltenes Manuscript, verschiedene Poesien enthaltend, aufbewahrt, deren viertes Buch mit einem Miniaturbilde geschmückt ist.

In Hinsicht auf Kalligraphie ist die Bibel, von der hier die Rede ist, ein Werk von ausgezeichneter Vortrefflichkeit. Dass es die Leistung eines Einzelnen sei, ist nicht denkbar; der angestrengteste Fleiss eines halben Menschenalters würde kaum zu dieser Arbeit hingereicht haben; gewiss haben Mehrere sich dazu vereint, und dennoch stehen die Zeilen, die einzelnen Worte, jeder Buchstabe in vollkommenster Regelmässigkeit nebeneinander auf dem reinen Pergament, nirgend ist die kleinste Abänderung der Handschrift bemerkbar, nicht die geringste Abweichung von der einmal angenommenen Form; Alles ist wie aus einem Guss, als wäre es von der nämlichen Hand, in der nämlichen Stunde, mit der nämlichen Feder angefangen und vollendet.

Das Manuscript hat kein Titelblatt, denn diese waren in jener frühen Zeit noch nicht gebräuchlich; die an Kaiser Ludwig gerichtete Zueignung, durch welche Abt Rabanus jenem Fürsten dieses sein Prachtgeschenk widmete, steht mitten im Buch, ohne durch irgend ein Unterscheidungszeichen von dem eigentlichen Texte und Inhalt getrennt zu sein, denn so war der unbehülfliche Gebrauch jener alten, von unserer jetzigen Cultur weit entfernten Zeit. Dieses, sowie das ganze Aeussere des jetzt fast tausendjährigen Buches spricht für das hohe Alter und für die Echtheit desselben. Die nach alter Art sauber ausgemalten Anfangsbuchstaben der Kapitel, die zum Theil recht geschmackvoll erdachten arabeskenartigen Verzierungen, längs dem Rande mehrerer Blätter, die grössern und kleinen, zum Theil sehr figurenreich componirten zahlreichen Miniaturgemälde strahlen im frischen Glanz des Goldes, des Purpurs, des schönsten Blau, und überhaupt der wohlerhaltensten Farbenpracht. Die Gemälde tragen freilich das Gepräge des damals herrschenden byzantinischen Styls; einige davon zeichnen zwar durch bessere Erfindung und naturgemässere Zeichnung sich aus, die meisten aber gränzen an das Groteske und Fratzenhafte. In Hinsicht der sorgfältigen Ausführung aber sind alle diese kleinen Bilder bewundernswerth, und die Darstellungen der Gebräuche, des Costüms in der Kleidung, wie in der Einrichtung der Wohnungen und des häuslichen Lebens unserer Ururgrossväter in jener grauen Vorzeit, gewähren ihnen ein eigenes, immer lebhafter werdendes Interesse, je länger man bei ihnen verweilt.

Eine Sammlung bedeutender Gemälde, aus der frühesten wie aus der späteren Zeit, seit dem Wiedererwachen der Kunst, und die ich noch die Freude hatte, zu sehen, ist seit wenigen Monaten nicht nur für Godesberg, sondern auch für Deutschland, ja sogar für die Freunde der Kunst auf immer verloren. Sie befand sich in jener Villa, deren ich früher erwähnte, als das Eigenthum des Besitzers derselben, eines angesehenen, aus diesen Gegenden stammenden, aber seit vielen Jahren in London etablirten Kaufmanns. Die Familie desselben pflegte alljährlich die Sommermonate in ihrem schönen Besitzthum in Godesberg zuzubringen, hat dieses seit Kurzen aber aufgegeben, und die Gemäldesammlung ist eingepackt und nach England abgeführt worden, um dort mit einer zweiten vereinigt zu werden, die Herr Aders in London schon besass, und die ebenfalls besonders reich an Meisterwerken altniederrheinischer Maler sein soll.

Dieser an unserem Vaterlande verübte Raub, wenn ich mir erlauben darf ihn so zu nennen, hat wenigstens das freilich etwas zweideutige Verdienst, England zuerst mit der, selbst von uns Deutschen nur seit einigen Jahren neuentdeckten altdeutschen Schule bekannt zu machen, von deren Existenz die Kunstkenner jenes Landes bis dahin wenig oder gar nichts erfahren. Der König von England selbst soll über eine fast gleichzeitige Copie von Johann von Eyck's berühmtem genter Bilde entzückt gewesen sein, welche unter Herrn Aders Gemälden in London sich befindet, und die von Kennern noch der altberühmten vorgezogen wird, die von dem grossen Meister, Michael Coxies, für den König von Spanien, Philipp den zweiten, gemalt wurde. Dass die ganze fashionable Welt in London das Entzücken des Königs theilen wird, steht kaum zu bezweifeln, und weh' uns, wenn die altdeutschen Gemälde in England Mode werden sollten, wie früher die chinesischen Pagoden und das altjapanische Porzellan in all' ihrer Unform es waren! wie würden die englischen Guineen unsere alten Meisterbilder von dannen ziehen, um auf jener Insel in den prächtigen Villen der Reichen und Grossen in starrer Abgeschiedenheit begraben zu werden!

Doch wahrscheinlich werden unsere Kunsthändler eben so gut als die italienischen es lernen, manchen van Eyck, Hemmling und Schoreel nach England überzuschiffen, der in Hinsicht auf Originalität mit der Mehrzahl des Rafael's, Correggio's und Tizian's in einer Reihe zu stehen verdient, welche um theures Geld die Gemäldesammlungen in England schmücken, und dieses bleibt im gefürchteten Fall dennoch immer ein kleiner Trost.

Nur Eines der vielen sehr werthvollen altdeutschen Gemälde in der godesberger Sammlung will ich erwähnen, weil es das einzige ist, welches meines Wissens der kunstreichen Hand der Schwester beider van Eyck's, der jungfräulichen Künstlerin Margareth zugeschrieben wird. Hier mit Gewissheit über die Echtheit des Bildes zu entscheiden, ist beinahe unmöglich; dass es unmittelbar aus van Eyck's Schule hervorgegangen ist, verbürgen die Behandlung der Farben und die schöne fleissige Ausführung auch der kleinsten Einzelheiten. Die Wahl des heitern Gegenstandes aber beweist nicht nur den reinsten Künstlersinn, sondern ist auch einem jungfräulichen, zartfühlenden Gemüthe völlig angemessen. Es stellt die Mutter Gottes mit dem Kinde vor, wie sie, in einer offenen Gartenhalle sitzend, von lieblichen Engeln bedient wird, welche Blumen und Früchte ihr darbieten.

Von den neueren Gemälden will ich aus der bedeutenden Anzahl derselben nur zwei sehr schöne Landschaften von Ruisdael erwähnen, einen Lazaroni-Knaben von Murillo, der sich im Tabackrauchen versucht; vier Apostel, von Boracino da Cremona, einem Schüler des Perugino. Auch zwei kleine Oelgemälde des fantastischen Callot waren gar lustig und wunderlich anzuschauen, auf denen von zahllosen kleinen Figürchen allerlei kecker Muthwille getrieben wird. Das eine derselben stellt den Einzug Christi in Jerusalem vor; das andere, wie er die Käufer, Verkäufer und Wucherer mit kräftiggeschwungener Knute zum Tempel hinaus, eine hohe Treppe hinunter, auf die Strasse treibt, auf welcher indessen Diebstahl und allerlei greulicher Unfug getrieben wird.

Das Alles ist nun mit dem Dampfschiffe fort, auf Nimmerwiedersehen.

DAS 20. JAHRHUNDERT

1912 Aus einem Lesebuch für Volksschüler: »Unser Kaiser und die arme Witwe«[125]

von Gustav Westfal

Unsere siegreichen Soldaten waren [1871] aus Frankreich heimgekehrt. Sie nahmen ihre Arbeit wieder auf, die sie beim Beginn des Krieges hatten verlassen müssen. Aber da war einer darunter in der Stadt Essen, dem die Arbeit bald recht sauer wurde. Und als er einen Arzt befragte, sagt der: »Lieber Mann, der Krieg hat Ihre Gesundheit angegriffen. Suchen Sie sich eine leichtere Beschäftigung.« Der Mann befolgte den Rat des Arztes und verdiente so viel, wie zur Ernährung seiner Familie nötig war.

Aber als das Jahr 1889 ins Land kam, da war seine Kraft dahin, und er legte sich hin und starb. Seine Witwe mit ihren drei Kindern wusste nun nicht, wovon sie weiter leben sollten. Da ging sie in die Wohnung wohlhabender Leute und half ihnen bei der Arbeit. Aber das, was sie damit verdiente, reichte nicht aus zum Unterhalt der Familie. Die Wangen ihrer Lieben wurden täglich blasser, und bald war die Not auf das Höchste gestiegen. Da dachte sie in ihrem Herzen: Wenn du dem Kaiser in Berlin dein Elend offenbarst, so wird er dir helfen. Und sie setzte sich hin und schrieb einen Brief an Kaiser Wilhelm.

Darin schilderte sie ihm ihre traurige Lage und bat ihn, ihr doch aus dem allergrössten Jammer zu helfen. Als sie den Brief abgeschickt hatte, da zogen wieder Mut und Fröhlichkeit bei ihr ein. Und ihre Hoffnung auf das milde Herz unserers Kaisers sollte nicht zuschanden werden. Gar bald trat ein Mann in Uniform in ihre Wohnung und legte ihr gegen Quittung bare hundertundzwanzig Mark auf den Tisch. Und als der Mann die Quittung von den draufgefallenen Freudentränen der Witwe getrocknet hatte, ging er still hinaus. Aber der Mann hatte auch einen Brief mitgebracht. Als die Witwe den

[125] Fundstelle: Lesebuch für die katholischen Volksschulen der Rheinprovinz. Zweiter Teil: Mittelstufe. (Crüwell) Dortmund 1912, # 273, Seite 290 f; https://gei-digital.gei.de/viewer/image/PPN1670309436/314/LOG_0024/ .

öffnete, da flossen die Tränen abermals. Und wiederum waren es Tränen des Dankes.

Denn in dem Briefe stand, dass ihr der Kaiser außer dem Gnadengeschenk eine monatliche Unterstützung von 27 Mark gewähre. Die drei Kinder der Witwe sind jetzt erwachsen und können selbst für sich sorgen. Die Mutter aber unterschreibt noch jeden Monat eine Quittung über richtig empfangene 27 Mark.

1911 Ovation der Alten Kriegs-Veteranen zur Kaiser-Reise ins Rheinland[126]

»Dem Andenken unseres Heldenkaisers Friedrich III.»

Zur Einweihung des Kaiser Friedrich-Denkmals am 18. Oktober (Geburtstag) 1911 in Aachen

von Ferdy Flörken, Mayen

Unser Fritz!

Auf dem Schlosse Friedrichskrone
litt und starb! – Ein Königssohn;
Deutschlands Kaiser – Friedrich!
In den Herzen seiner Krieger
lebt der edle, tapfre Sieger
unvergessen – ewiglich.
Wo in Böhmens Völkerschlachten
oftmals die Entscheidung brachten
seine Scharen; - und am Rhein
hat begeistert uns sein Namen
unser Fritz! – Bei seinen Fahnen
wollten alle Kämpfer sein.
Und auf Frankreichs Schlachtgefilden

[126] Fundstelle: private Sammlung.

hat gebändigt er die Wilden,
Türkos – Spahi – Franktireurs.
Deutsche Krieger – Landwehrleute
jagten ab die edle Beute
Elsass-Lothringen den Messieurs.
Sedan war die starke Feste,
wohlgeborgen sass im Neste
Frankreichs Held – Napoleon!
Unser Fritz! mit seinen Scharen,
Sachsen, Württemberg, Bavaren
holten hier den Ehrenlohn.
Vor Paris auf festen Mauern
lange Monat mussten lauern
deutsche Truppen – heldenhaft.
Unser Fritz –liess die Kanonen
deutlich sprechen – Millionen
Bomben zeigten deutsche Kraft.
Zu Versailles – im Fürstenrate
glänzt nach hehren Waffentaten
Kaiser Wilhelms edler Sohn!
Nach dem Sieg als deutscher Kaiser
trägt der Edlen Fürsten Weiser
Senior – die Kaiser-Kron.
Auf der Walstatt in Lazaretten
bei den Kriegern an den Betten
spendet Trost der Königssohn,
unser Fritz! Dein Geist regieret,
hat zu Kampf und Sieg geführet
und geeint die Nation.
Schwarzumflort senkt still die Fahnen,
ehrt des Kaisers hohe Ahnen
Kaiser Wilhelm – Friedrich!
In den Herzen ihrer Krieger
Leben Deutschlands grösste Sieger,
unvergessen – ewiglich!

[1914] Feb 14 Verdienstkreuz für Ferdinand Flörken[127]

Mayen, 14. Febr. Dem Herrn Ferdinand Flörken hier wurde in Anerkennung seiner Verdienste um das Kriegervereinswesen das Verdienstkreuz in Silber verliehen und durch den Landes-Kriegerverband übermittelt.

Herr Ferdy Flörken-Mayen ist ein Enkel des letzten Landsturm-Hauptmanns vom Siebengebirge, Jakob Laquay, welcher 1813-14 mit Bleibtreu, das Banner Vilich und Beuel führte – gestorben 1870 in Godesberg. Die Weinwirtschaft der Eheleute Laquay in Beuel war in der französischen Occupationszeit der Versammlungsort rechts- und linksrheinischer Patrioten. Hier wurden die Pläne und Beschlüsse für die Befreiung und Volkserhebung gefasst und von dem freiwilligen Landsturm ausgeführt. Das Denkmal des freiwilligen Landsturms von 1813-14 auf dem Drachenfels, das unter Friedrich Wilhelm III. zur 50jährigen Erinnerung renovirt wurde, ist das älteste Kriegerdenkmal der Rheinprovinz, wo auch die alten Veteranen alljährlich den 18. Oktober feierten. F. Flörken, ein geborener Bonn-Beueler Landsmann, hat sich durch seine Kriegsteilnahme 1870-71, sowie patriotische Lieder und Regimentsgeschichten aus dem Feldzuge in den kreisen rheinischer Kriegervereine viele Kameraden und Freunde erworben, welche ihm diese persönliche Auszeichnung sorgen.

1932 Erich Kästner: »Der Handstand auf der Loreley«[128]

»Nach einer wahren Begebenheit«

Die Loreley, bekannt als Fee und Felsen,

[127] Fundstelle: private Sammlung.

[128] Fundstelle: https://www.lyrikline.org/de/gedichte/der-handstand-auf-der-loreley-14377

ist jener Fleck am Rhein, nicht weit von Bingen,
wo früher Schiffer mit verdrehten Hälsen,
von blonden Haaren schwärmend, untergingen.

Wir wandeln uns. Die Schiffer inbegriffen.
Der Rhein ist reguliert und eingedämmt.
Die Zeit vergeht. Man stirbt nicht mehr beim Schiffen,
bloß weil ein blondes Weib sich dauernd kämmt.

Nichtsdestotrotz geschieht auch heutzutage
Noch manches, was der Steinzeit ähnlich sieht.
So alt ist keine deutsche Heldensage,
Daß sie nicht doch noch Helden nach sich zieht.

Erst neulich machte auf der Loreley
Hoch überm Rhein ein Turner einen Handstand!
Von allen Dampfern tönte Angstgeschrei,
als er kopfüber oben auf der Wand stand.

Er stand, als ob er auf dem Barren stünde.
Mit hohlem Kreuz. Und lustbetonten Zügen.
Man frage nicht: Was hatte er für Gründe?
Er war ein Held. Das dürfte wohl genügen.

Er stand, verkehrt, im Abendsonnenscheine.
Da trübte Wehmut seinen Turnerblick.
Er dachte an die Loreley von Heine.
Und stürzte ab. Und brach sich das Genick.

Er starb als Held. Man muß ihn nicht beweinen.
Sein Handstand war vom Schicksal überstrahlt.
Ein Augenblick mit zwei gehobnen Beinen
Ist nicht zu teuer mit dem Tod bezahlt!

P.S. Eins wäre allerdings noch nachzutragen:
Der Turner hinterließ uns Frau und Kind.
Hinwiederum, man soll sie nicht beklagen.
Weil im Bezirk der Helden und der Sagen
die Überlebenden nicht wichtig sind.

1933 Apr 04 Eröffnung des Gemeinderates in Troisdorf (1) [129]

Die erste Gemeinderatssitzung

Erhebender Verlauf.- Alle Beschlüsse einstimmig gefasst.- Reichspräsident Hindenburg und Reichskanzler Hitler Ehrenbürger.- Die Poststrasse in Adolf-Hitler-Strasse umgenannt.

Wir haben in den letzten Wochen manchen erhebenden Akt des nationalen Deutschland erlebt. Wer aber gestern die erste Gemeinderatssitzung miterlebt hat, kann nur in den Worten des Gemeindeverordneten Taube mit einstimmen, der sagte: »Solche Stunden habe ich noch nicht erlebt, aber auch solche Stunden vergisst man in seinem Leben nicht.« Damit ist wohl in den paar knappen Zeilen dem Ganzen der Stempel des Erhebenden aufgedrückt.

Lange vor Beginn war der grosse Saal Thiesen, von dem vor Jahren hier in Troisdorf die Bewegung[130] ihren Ausgang nahm, von allen Ständen der Bevölkerung besetzt. Aber immer noch kommen neue Scharen, sodass, als die Vereine mit ihren Fahnen einmarschierten, bereits ein beängstigendes Gedränge herrschte. Der Saal selbst, mit den Fahnen Schwarz=weiss=rot, der Hackenkreuzfahne[sic!] und den Landesfarben geschmückt, machte einen feierlichen Eindruck. Lorbeerbäumen[!] und frische Blumen umstanden die Bilder des Reichspräsidenten und des Reichskanzlers.

Nach einem Prolog eröffnete Herr Naas, Bevollmächtigter der Nationalen Regierung, die erste Gemeinderatssitzung, zugleich alle geladenen Gäste und Erschienenen aufs herzlichste begrüssend[131] und der Gefallenen des Weltkrieges gedenkend.

Bürgermeister Langen nahm dann die Verpflichtung der neugewählten Gemeindeverordneten vor, nachdem er vorher in einer kurzen Ansprache auf den Sinn und die Bedeutung der Zusammenkunft hingewiesen hatte. Er bat

---

[129] Fundstelle: Kölner Stadt-Anzeiger, 6.4.33.

[130] die »Hitler-Bewegung« ist gemeint: die NSDAP.

[131] im Original: »begrüsste«.

alle Bürger, ihrerseits auch alles Trennende zu vermeiden und alles einzusetzen für die geliebte Heimatgemeinde und das gemeinsame Vaterland.

Die zu erledigenden Punkte der Tagesordnung fanden schnell ihre Erledigung. Alle Beschlüsse wurden einstimmig gefasst und setzen sich die verschiedenen Kommissionen wie folgt zusammen:

Beigeordnete

Steinmetz Peter, Hagen Amandus, Dr. Mannstaedt Carl, Braschoss Franz.

[Es folgen die Kommissionen und ihre Mitglieder.]

Herr Reinartz richtete dann einige Worte an die Festversammlung und betonte besonders, dass die N.S.D.A.P. es als ihre heiligste Pflicht ansehe, besonders die Bürger zu schützen, die am bedürftigsten sind. Sein Antrag, dem Reichspräsidenten und dem Reichskanzler das Ehrenbürgerrecht zu verleihen, fand einstimmige Annahme [siehe unten].

Dr. Hamacher gab seitens der Zentrumspartei die Erklärung ab, im Sinne ihres Führers Kaas[132] an dem Aufbau tatkräftig mitzuarbeiten und alles Gewesene zu vergessen. Zur Bekräftigung seiner Worte bot er den anderen Fraktionsführern seine Rechte[,] welches dankbar anerkannt wurde.

Herr Taube versicherte für sich und seine Freunde, weiter wie bisher zu arbeiten unter dem Motte[!]: Gemeinnutz geht vor Eigennutz.

Viel zur Verschönerung der Feier trug die »Cäcilia« bei, die mit ihren Liedern »Wo die alten Eichen rauschen« und »Hoffnung« der Weihestunde das richtige Gepräge gab.

Aber auch die beiden Musikchöre, die Stahlhelmkapelle Troisdorf und die S.A.=Kapelle dürfen nicht vergessen werden. Ihre Weisen waren dem ganzen angepasst und wurden vorwiegend Musikstücke aus vergangenen Zeiten zu Gehör gebracht. Mit dem Deutschlandlied fand die Feier ihren Abschluss.

[...][133]

---

[132] gemeint ist Prälat Kaas, der Vorsitzende der Zentrumspartei.

[133] Es folgt noch ein Absatz, in dem Wünsche für die Zukunft ausgedrückt werden.

1933 Apr 04 Eröffnung des Gemeinderates in Troisdorf (2) [134]

Gemeinderatssitzungen im Siegkreis

[...] in Troisdorf

Heute morgen 11 Uhr trat der neugewählte Gemeinderat zu seiner ersten Sitzung zusammen, die in feierlicher und erhebender Form abgehalten wurde. Der Römersaal[135] Troisdorf konnte die Massen, die dieser nationalen Veranstaltung beiwohnen wollten, nicht fassen. Vertreter der Geistlichkeit[136], der Behörden, Fahnenabordnungen von Verbänden und Vereinen, zahlreiche Ehrengäste, die Schulkinder und viele Bürger füllten den Saal.

Man sah unter anderen den Kreisleiter der NSDAP, Pg. Hoffstätter M.d.L., den Leiter des Finanzamtes in Siegburg, den Pg. Oberreg[ierungs]rat Kolleve, den Staatskommissar für die Stadt Siegburg, Pg. Willi Ley, von der Kreisverwaltung Herrn Reg[ierungs] Assessor Dr. Thiel und den Kreisdeputierten Herchenbach.

Nach dem feierlichen Einzug der Fahnen, darunter allein vier Hakenkreuz- und eine Stahlhelmfahne, sprach stellvertretender Kreisleiter Pg. Gabriel Saal einen Prolog, der die deutsche Nation zur Freiheit und Einigkeit aufrief.

Sodann ergriff der Beauftragte der nationalen Regierung beim Amte Troisdorf, Obersteuersekretär Pg. Nass[137], das Wort zu einer längeren Rede, woran sich eine Ehrung der Gefallenen des Weltkrieges anschloss. Die Musik spielte das Lied vom guten Kameraden, und alles gedachte unserer Gefallenen des Weltkrieges und der Blutopfer unserer Freiheitsbewegung.

Der Männergesangverein »Caecilia« Troisdorf brachte nun einen wohlgelungenen Chorgesang zu Gehör und erntete für seine Darbietung reichen Beifall.

Hiernach sprach der Bürgermeister von Troisdorf, Herr Langen.

---

[134] Fundstelle: Westdeutscher Beobachter, 6.4.33.
[135] gemeint ist der Saal Thiesen in der Poststrasse.
[136] im Original gesperrt.
[137] in anderen Texten: Naas.

Zu Beginn seiner Ausführungen wies er darauf hin, dass es ein Symbol sei, dass das Wappen von Troisdorf heute von dem Hakenkreuzbanner und der Fahne Schwarz-Weiss-Rot umrahmt würde.

Er betonte die Bereitwilligkeit[,] in Einigkeit mitzuarbeiten am Wiederaufbau unseres Vaterlandes. Dann forderte er die Wiederherstellung der Selbstverwaltung und das Wiederkehren von Sauberkeit und Gerechtigkeit in den einzelnen Verwaltungen.

Zum Schluss gelobte er dem Reichspräsidenten, Generalfeldmarschall von Hindenburg, und dem Reichskanzler Adolf Hitler treue Gefolgschaft und brachte ein dreifaches Heil auf diese Führer unseres Volkes aus.

Nun wurde in die eigentliche Tagesordnung eingetreten. Der Bürgermeister verpflichtete die neuen Gemeindeverordneten durch Handschlag. Die Gültigkeit der Wahl wurde einstimmig festgestellt. Ebenso einstimmig wurden die Beigeordneten und die einzelnen Kommissionsmitglieder gewählt. Der Bürgermeister gab ferner bekannt, dass verschiedene Strassenumbenennungen erfolgt seien, und zwar die Poststrasse in Adolf-Hitler-Strasse und die Friedrich-Ebert-Strasse in Claus-Clemens-Strasse.

Der Fraktionsführer der NSDAP, Standartenführer [Peter] Reinar[t]z, beantragte, den Reichspräsidenten, Generalfeldmarschall von Hindenburg, und den Reichskanzler Adolf Hitler zu Ehrenbürgern zu ernennen. Der Bürgermeister befürwortete diesen Vorschlag, der dann auch einstimmig angenommen wurde. [...]

Nach Schluss seiner Rede sang die Menge begeistert das Horst-Wessel-Lied.

Der Männergesangverein »Caecilia« sang abermals einen Chor, und jetzt sprach der Vertreter des Zentrums, Dr. [Wilhelm] Hamacher. Aus seinen Ausführungen konnte man die prinzipielle Bereitschaft zur tätigen Mitarbeit schliessen.

Der Vertreter der Arbeitsgemeinschaft[138], Gemeindeverordneter Taube, führte aus, [...] er sei froh, dass die marxistische Herrschaft endlich gebrochen sei, denn die früheren Machthaber hätten jegliche Aufbauarbeit im

---

[138] gemeint ist die »Gemeinnützige Interessengemeinschaft», die 5 Gemeindeverordnete zählte, also genausoviele wie die NSDAP.

nationalen Sinne gehemmt. Er und seine Freunde seien bereit, mitzuarbeiten für die Ziele der nationalen Regierung.

Nach Vorträgen der [SA-] Standartenkapelle 160 und der Stahlhelmkapelle schloss der Bürgermeister die in vollster Einmütigkeit verlaufene erhebende Feier.

1933 Juni 09 Sportverein Rot-Weiß-Hütte (Troisdorf)[139]

Gleichschaltung

Protokoll der Gleichschaltungs-Versammlung am 9.6.33 abds. 8 Uhr im Vereinslokal Rud. Fuka.

Guter Besuch zeichnete die Versammlung [aus,] und viele Mitglieder waren in S.A. Uniform erschienen. Der Raum war mit schönen[!] Fahnenschmuck und mit dem Bildnis des Volkskanzlers Hitler ausgeschmückt, welches der eindrucksvollen Versammlung einen würdigen Rahmen gab.

Vorsitzender [Peter] Klein machte nach kurzer Begrüßung mit dem Zweck der Versammlung bekannt und erklärte dann im Namen sämtlicher Vorstandsmitglieder den Rücktritt des Vorstandes, hierauf erteilte er das Wort dem neuen Gauführer Ernst Court. Dieser übernahm die Leitung der Versammlung und führte nach erklärende[n] Worten die Gleichschaltung durch. Als Vereinsführer wurde Christian Krämer einstimmig gewählt und durch den Gauführer feierlich verpflichtet, welcher auch versicherte, die Vereinsführung zum Besten der Erneuerung des deutschen Vaterlandes zu übernehmen.

Folgende Herren wurden hierauf im neuen Vorstand bestimmt:

Vereinsführer – Christian Krämer NSDAP

[139] Fundstelle: Protokollbuch Rot-Weiß 1932-1951, S.35 f. (Privatbesitz).

2. Vorsitzender – Peter Klein

1. Geschäftsführer – Rud. Fuka NSDAP

2. Geschäftsführer – Toni Lessmann

1. Kassierer – Heinr. Hardtke

Hilfskassierer – Toni Hardtke NSDAP und Heinr. Boch

Kassenprüfer – Adolf Mohren / Carl Becker / Wilh. Sinzig

1. Obmann – Wald. Gersbeck NSDAP

2. Obmann – Otto Knas

Jugendobmann – zurückgestellt

Zeugwart – Paul Schlimm

Beisitzer – Math. Limbach NSDAP / Georg Lehbringk / Hans Rogalla

Der Gauführer nahm nach dem Treuebekenntnis der neuen Vereinsführer mit dem kräftigen Appell an die Versammlung, ihre Führer mit allen Kräften zu unterstützen, zum Wohle der Jugend und damit das Vaterland [!], Abschied.

Sieg Heil auf Deutschland, Reichspräsidenten und Adolf Hitler sowie das gemeinschaftliche angestimmte Deutschland- und Horst-Wessel-Lied beschloss[en] die mit Begeisterung verlaufene Versammlung.

Genehmigt:

Chr. Krämer

1933 Juli 01 Pfarrer Robert Werr (Spich): Ein schwarzer Tag[140]

[140] Fundstelle: Aufzeichnungen des Robert Werr 1926-1943. (Privatbesitz).

Die Polizei gegen die Kirche

Ein schwarzer Tag am 1.7.1933, an dem eintrat, was wir lange vermutet hatten. Freund Peter Schmitz empfing den Pfarrer mit der Nachricht, daß Polizeibeamte am Tore des Pfarrhauses meiner harrten. Landjäger Schumacher und Polizeibeamter Eiermann standen dort und erklärten, beauftragt zu sein, Vermögen, Bücher usw. des katholischen Jünglings- und Jungmänner-Vereins sowie Mitgliederlisten und andere Bücher in Sicherheit zu stellen. Sie bedauerten, dafür bestimmt zu sein und solche Pflicht tun zu müssen. Ich stellte ihnen das Gewünschte, wenn auch mit innerem Widerstreben und peinlicher Stimmung, zur Verfügung. Das Geld wurde nach Sieglar übermittelt und die Turngeräte in dem verschlossenen, polizeilich gesicherten Sälchen in »Sicherheit« gestellt, vor uns. Sobald die Maßnahmen, welche in letzter Linie zeigen sollten, wer die Macht hat und wozu man eventuell fähig und bereit ist, wieder zurückgenommen wurden, setzten unsererseits Versuche ein, Geld und Gerät zurückzuerhalten. Erst nach 14 Tagen wurde alles wieder freigegeben nach Schritten beim Bürgermeister- und Landratsamt; dabei einem persönlichen Schreiben an den Regierungspräsidenten. »Gute Ratschläge« auf Vereinigung der DJK (Deutsche Jugendkraft) mit dem hiesigen WLV (Westdeutschen Leichtathletik-Verband) wurden höflich und in gefälliger, aber entschiedener Form abgelehnt.

1933 Juli 20 Frau Krämer an Landrat[141]

betr. »Schutzhaft«

[Prü]fen und

[Wie]dervorlage

[141] Fundstelle: HStAD, LAS 39, Bl.227.

[Bu]ttlar[142]

Oberlar den 20.7.33.	Landrat zu Siegburg
Horst-Wesselstrasse No.7	Eing.22 JUL.1933
An	L.Nr......Anl...[144]
den Herrn *Landrat Dr. Buttlar* [143]	

Seit dem 9.Mai 33. befindet sich mein Mann Albert Krämer geb.1.7.1906 in Schutzhaft.

Wohl war mein Mann 6 Wochen Mitglied der K.P.D.

Mein Mann [ist] nur zu gutmütig, dumm - ist bestimmt ein Opfer von Leuten, die er nie gekannt und verstanden hat. Ich muss ihm jedes politisches Verständnis absprechen. Nur weiss ich, dass die Familie, der mein Mann entstammt[,] und er selber nur national empfunden hat u. empfindet, wenn er es auch mündlich durch seine ungewandte Art nicht darstellen kann.

Er wusste und weiss heute noch nicht, welchen Zielen die Partei, der er 6 Wochen angehörte, diente. Ich bitte nochmals Herrn Landrat um Aufhebung der Schutzhaft.

Ergebenst: *Frau Albert Krämer*

1933 Sep 09 Vereinigung Rot-Weiß-Hütte mit DJK[145]

Protokoll

Zur Einigungssitzung am 6. September 1933 im Vereinslokal Fuka abends 8 Uhr.

---

[142] handschr. Vermerk Buttlars.

[143] Die kursiv gesetzten Passagen in der Anrede und in der Unterschrift sind von einer anderen Hand als der übrige Text geschrieben, vermutlich von Frau Krämer.

[144] Eingangsstempel der Behörde, mit Kenntnisvermerk.

[145] Fundstelle: Protokollbuch Rot-Weiß 1932-1951, S.37 (Privatbesitz).

Nach vorheriger zwangsloser Aussprache der beiden Vorstände von Rot-Weiß und D.J.K., in der man sich im großen und ganzen über den Zweck der Vereinigung klar war, wurde vom Herrn Kreisführer Court die eigentliche Vereinigung der beiden Vereine auf den 6. September 1933 festgesetzt.

Die beiden Vorstände fanden sich pünktlich zur festgesetzten Zeit im Vereinslokale Fuka ein, und unter dem Vorsitz des Herrn Kreisführers begann die Verhandlung. In einer außerordentlichen regen Aussprache beiderseits kam man zum Schlusse der Vereinigung nahe. Ausser der beiderseitigen Schulden stand der Einigung nichts mehr im Wege, ad die Schulden von dem neuen Verein im Gesamten übernommen wurden.

Herr Kreisführer Court konnte daraufhin den beiden Vereinsführern den Einigungsvertrag zur Unterschrift vorlegen, womit der Zusammenschluss nach Leistung der Unterschriften vollzogen war.

Zum Vereinsführer bestimmte Herr Court auf Vorschlag der Anwesenden den bisherigen Vereinsführer des S.V. Rot-Weiß Herrn Christ. Krämer und zum Stellvertreter Herrn Rudolf Eckert. [...]

Mit einem dreifachen kräftigen Sieg Heil auf unser allverehrten Herrn Reichspräsidenten und Volkskanzler Adolf Hitler schloss die Sitzung.

Genehmigt:

Geschäftsführer:

Vereinsführer:

1933 Sep 24 Rot-Weiß-Hütte ausserordentliche General-Versammlung[146]

Für einen neuen Namen

[146] Fundstelle: Protokollbuch Rot-Weiß 1932-1951, S.38 f. (Privatbesitz).

Protokoll über die ausserordentliche General-Versammlung am 24. Sept. 33 im Vereinslokal Fuka morgens 9 ½ Uhr.

Da der bisherige Vereinsführer infolge zu starker Ueberlastung dem Verein sein Amt zur Verfügung gestellt hatte und vom Kreisführer Herr Licht, Troisdorf, kommissarisch inzwischen bestellt war, wurde die General-Versammlung punkt 9 ½ Uhr von diesem Herrn eröffnet.

Nachdem Herr Licht die Anwesenden begrüßt hatte, insbesondere Herr[n] Kreisführer Court und Herr Ortsgruppenleiter Pg. Steinmetz ebenfalls begrüßte[!], gab er folgende Tagesordnung bekannt:

1. Wahl des neuen Vereinsführers und Ergänzung des Vorstandes
2. Bericht über die Kassenverhältnisse
3. Verschiedenes (allgemeine Richtlinien).

[neuer Vereinsführer wird Rudolf Eckert.]

Die Benennung des neuen Vereins wurde mit der Bezeichnung

»Sportverein Friedrich-Wilhelmshütte»

beschlossen.

Verzeichnis der Abbildungen

Abb. 38: Obelisk in Remagen, by Heinz Grates

Abb. 39: Innenraum der Michaelskapelle, 2024

Abb. 40: Godesburg, um 1920 (LVR)

Literaturverzeichnis

Arndt, E. M. (1804). *Reisen durch einen Theil Teutschlands. Ungarns, Italiens und Frankreichs in den Jahren 1798 und 1799, 2. Aufl.* (Bd. 4). Leipzig: Gräff.

Arndt/Krusch (Hrsg.). (1885). *Gregorii Turonensis Opera* (Bd. 2). Hannover: Hahn.

Becker, J. N. (1799). *Beschreibung meiner Reise in den Departementen vom Donnersberge, vom Rhein und von der Mosel* . Berlin: Schöne.

Brocke/Bondy. (1998). *Der alte jüdische Friedhof Bonn-Schwarzrheindorf. 1623-1956. Bildlich-textliche Dokumentation.* Köln: Rheinland-Verlag.

Broix, G. (1842). *Erinnerungen an das alte berühmte Zülpich.* Neuss.

Die Cronica van der hilliger Stat Coellen. (1499). Köln: Koelhoff, Johann.

Ennen, E. (1989). Die kurkölnische Residenz Bonn und ihr Umland in einem Jahrhundert der Kriege. In D. Höroldt (Hrsg.), *Bonn als kurkölnische Haupt- und Residenzstadt 1597-1794* (S. 15 ff). Bonn: Dümmler.

Ewig, E. (2006). *Die Merowinger und das Frankenreich.* Stuttgart.

Flörken, N. (2011). *Wie Cassius und Florentius nach Bonn kamen.* Manuskript, Troisdorf.

Forster, G. (1791). *Ansichten vom Niederrhein, von Brabant, Flandern, Holland, England und Frankreich im April, Mai, Junius 1790; Theil 1.* Berlin: Vossische.

Geuenich, D. (1996). Chlodwigs Alemannenschlacht(en). In -, *Chlodwig und die "Schlacht bei Zülpich", Geschichte und Mythos 496 - 1996* (S. 55 ff). Euskirchen.

Gregor von Tours. (1885). Liber miraculorum, Bd.1. In Monumenta Germaniae historica (Hrsg.), *Scriptores rerum Merovingicarum, I, 2* (S. Hannover).

Klebe, F. A. (1801). *Reise auf dem Rhein, durch die teutschen Rheinländer, und die französischen Departements des Donnersbergs, des Rheins und der Mosel und der Roer, Vom Julius bis Decembre 1800.* Frankfurt am Main: Eßlinger.

Lehner, H. (1930). Römische Steindenkmäler von der Bonner Münsterkirche. *Bonner Jahrbücher, 135.*

Lehner/Bader. (1932). Baugeschichtliche Untersuchungen am Bonner Münster. *Bonner Jahrbücher, 136/137*, S. 1 ff.

Meister, A. (1902). Pasquille gegen Gebhard T. *AHVN, 74*, S. 153 ff.

Runde, I. (1996). Daten und Fakten zur Geschichte der Franken und Alemannen. In -, *Chlodwig und die "Schlacht bei Zülpich", Geschichte und Mythos 496 - 1996* (S. 61 ff). Euskirchen.

Schopenhauer, J. (1818). *Ausflucht an den Rhein und dessen nächste Umgebungen im Sommer des ersten friedlichen Jahres [1816].* Leipzig: Brockhaus.

Schreiber, A. W. (1795). *Streifereien durch einige Gegenden Deutschlands. Vom Verfasser der Szenen aus Fausts Leben.* Leipzig: Voß.

Schreiber, A. W. (1806). *Mahlerische Ansichten des Rheins von Mainz bis Düsseldorf.* Frankfurt am Mayn: Wilmans.

Schreiber/Vogt. (1807). *Voyage pittoresque sur le Rhin depuis Mayence jusqu'a Dusseldorf* (Bd. 3). (L. Libert, Hrsg.) Frankfurt/Main: Wilmans.

Teschner, U. (1967). Bartholomäus Fischenich. Ein rheinischer Philosoph und Jurist der Aufklärungszeit. *Bonner Geschichtsblätter, 21*, S. 7ff.

Trips, F. X. (1927). *Die Franzosen in Honnef 1689. Beiträge und Quellen zur Geschichte und Volkskunde des Rheinlandes, 1.* (A. Haag, Hrsg.) Honnef: Siebengebirgsbuchhandlung.

van den Broeck, H. (1968). *2000 Jahre Zülpich.* Zülpich.

von Seida und Landensberg, F. E. (1803). *Maximilian Franz, letzter Kurfürst zu Kölln und Bischof zu Münster. Eine biographisch-karakteristische Skizze.* Nürnberg: Sixt.

Wakkerbart, A. J. (1794). *Rheinreise.* Halberstadt: Grossche Erben.

INDEX

A

B

C

D

E

F

G

H

I

J

K

L

M

N

O

S

T

U

V

Ausführliches Inhaltsverzeichnis

liber undecimus

de monumentis rhenaniae historicis

confectus

explicit feliciter.

Amen.

laus deo.